KB019682

재생에너지
비즈니스 바이블

"High Output 재생에너지"

재생에너지 비즈니스 바이블

초판 1쇄 인쇄 2023년 6월 11일
초판 1쇄 발행 2023년 6월 18일

지은이 정성민

발행인 백유미 조영석

발행처 (주)라온아시아
주소 서울특별시 서초구 효령로 34길 4, 프린스효령빌딩 5F

등록 2016년 7월 5일 제 2016-000141호
전화 070-7600-8230　　**팩스** 070-4754-2473

값 18,000원
ISBN 979-11-6958-070-0 (13320)

※ 라온북은 (주)라온아시아의 퍼스널 브랜드입니다.
※ 이 책은 저작권법에 따라 보호받는 저작물이므로 무단전재 및 복제를 금합니다.
※ 잘못된 책은 구입하신 서점에서 바꾸어 드립니다.

라온북은 독자 여러분의 소중한 원고를 기다리고 있습니다. (raonbook@raonasia.co.kr)

GREEN BUSINESS

High Output 재생에너지

재생에너지
비즈니스 바이블

정성민 지음

"재생에너지 전문가가 전하는
재생에너지 시장과 비즈니스의 모든 것"

재생에너지 사업 기획부터 개발, 투자 금융조달까지
재생에너지 사업의 전방위 전략과 노하우 대공개!

국내
재생에너지 제도
및 연계 산업
소개!

재생에너지
사업개발을 위한
금융조달법
해설!

사업개발
프로세스 및
사업 실무
노하우!

RAON
BOOK

재생에너지 업계의 미래 리더를 위한 입문서가 되길 희망하며

'RE100(Renewable Electricity 100)'이란 용어가 일반 국민에게 널리 알려진 계기는 2022년 대선 토론이었다. 당시 이를 다룬 미디어 기사의 댓글을 보면, "당구 얼마 치냐고 묻는 줄 알았다"는 내용부터, RE100 대응을 위한 전략을 제안하는 것까지 다양한 글을 볼 수 있다. 하지만 대부분의 댓글은 특정 후보를 지지하거나 비난하기 위한 소재로 다뤄지며, 재생에너지가 또 다른 정쟁의 수단으로 이용되는 안타까운 현실을 드러내고 있었다.

당시 RE100에 대한 기사를 접하며 들었던 생각은, 일반 국민들의 재생에너지에 대한 이해도가 높지 않고 부정적인 인식마저 매우 강하다는 것이었다. 재생에너지 사업이 해당 지역 주민의 생계와 생태계를 위협하고 있고, 특정 세력에 의해 주도되어 비리의 온상이라는 인식이 생각보다 넓게 퍼져 있었다. 일반 국민에게 인식되는 재생에너지 사업이 이렇다면, 향후에도 재생에너지 산업의 발전을 기대하는 것은 어불성설일 것이다

RE100은 기업의 모든 활동에 필요한 전력을 재생에너지를 활용하여 생산, 사용하는 것을 의미하며, 강제적 규범이 아닌 자발적인 캠페인 활동이다. 하지만 현실은 글로벌 대기업에 의해 요구되는 새로운 무역장벽으로 떠오르고 있다. 특히 중간재 수입과 수출을 위주로 하는 국내 기업들에게는, RE100이 단순한 캠페인을 넘어 생존의 문제로까지 인식되고 있다. RE100에 대응하기 위해 기업은 바쁘게 움직이고 있으나, 정작 정부와 국민의 재생에너지 산업 활성화에 대한 관심과 지지는 요원하다. 특히 일반 국민의 재생에너지 사업에 대한 수용도를 높이지 못하면 RE100은 불가능하다.

　　국민 모두가 재생에너지를 이해하고 수용도를 높여가야만 이 생존의 문제를 극복하고 미래 산업을 육성해나갈 수 있다. 재생에너지 사용은 타인의 문제가 아닌 바로 나 자신에게도 영향을 미치고 있음을 모두가 인식해야 한다. 당장 내가 다니고 있는 회사가

RE100 대응 문제로 언제든 도태되고 무너질 수도 있다. 바로 나의 생계가 위협받을 수 있다는 현실적인 문제임을 이해해야 한다.

2050년 탄소중립, RE100 등 국가와 기업의 목표를 달성하고 미래 친환경 성장 산업의 경쟁력을 확보하기 위해서는, 일반 국민의 재생에너지 이해도를 높이는 것과 더불어 업계에 뛰어난 인재를 지속적으로 양성해야 한다. 인재를 양성하기 위해서는 10대 후반에서 30대 초반의 MZ세대들이 재생에너지 업계에 관심을 가지고 도전할 수 있는 환경을 조성해줘야 한다. 매력적인 비전을 제시하고, 이를 뒷받침하는 여러 정책과 금융 지원이 필요하다. 이러한 비전과 지원을 이끌어내는 것은 결국 재생에너지업을 영위하고 있는 선배들의 몫이고 반드시 해야 할 역할이다.

이 책은 재생에너지 업계에서 먼저 일을 시작한 선배로서, 후배들을 위해 할 수 있는 게 무엇일지 고민하면서 시작되었다. 재생에너지 업계에 진출하고자 하는 MZ세대들을 위해 재생에너지 시장과 제도, 재생에너지와 연계된 파생 사업, 사업 개발 및 금융 조달 과정, 마지막으로 지역 사회와 함께해야 하는 당위성 등 재생에너지 산업을 이해하기 위해 반드시 숙지해야 할 내용을 전체적으로 담았다. 재생에너지 업계 진출을 준비하고 있는 취업준비생, 전직 희망자, RE100 기업에서 재생에너지 실무를 새롭게 담당하게 된 분들에게 재생에너지를 이해하는 입문서로써 작은 도움이 되길 바란다.

　마지막으로 다소 어렵고 난해한 재생에너지 관련 책을 출판하는 데 많은 도움을 주신 라온북 관계자분들께 감사의 인사를 전한다. 책을 쓰는 기간 물심양면 지원해준 가족에게도 고맙다는 말을 꼭 전하고 싶다. 이 책이 재생에너지 업계의 미래 리더를 넘어 전 국민의 재생에너지 이해도를 높이는데 조금이나마 기여할 수 있기를 희망한다.

정성민

6장
재생에너지 시장의 미래 리더들을 위한 가이드

1장

재생에너지,
이제 생존의 문제다!

기후위기 시대,
재생에너지에서 해법을 찾다

1.5라는
숫자의 의미

지금으로부터 30년 전인 1993년 2월, 제65회 아카데미 시상식에서 처음 공개된 언제나 코카콜라 광고는 공개 직후 엄청난 호응을 얻으며 인기를 누렸다. 굉장히 자연스럽고 귀엽기도 한 흰색 북극곰들이 다 함께 코카콜라를 마시는 장면은 아직도 잊히지 않을 정도로 강한 인상을 남겼다. 하지만 기후 위기로 인해 북극곰이 콜라를 마시며 밤하늘의 오로라를 감상하는 모습은, 더 이상 상상할 수 없고 표현할 수도 없는 슬픈 과거가 되어 가고 있다. 광고에 쓰였던 카피(Always Cool Always Coca-Cola)와는 다르게, 북극은 더 이상 기후변화로 인해 언제나 Cool 할 수 없게 된 것이다.

비단 기후 위기가 북극처럼 먼 곳의 이야기만은 아니다. 지난 몇 년간 우리나라도 40도를 웃도는 폭염과 잦은 태풍, 길어지는 장마 등으로 기후변화를 통해 발생하고 있는 현실적 문제를 경험하고 있다. 우리 모두의 삶에 이미 많은 영향을 미치고 있는 기후 위기에 대응하기 위해 전 세계는 다양한 기후변화대응 협의를 진행하고 실천하고 있다.

대표적으로 2015년 체결된 파리협정에서는 지구의 평균 온도 상승이 산업혁명 시기(1850~1900년) 대비 1.5℃를 넘지 않도록 한다는 합의가 이뤄졌다. 산업화 이후 현재 지구 온도가 약 1.1℃ 정도 상승하였고, 이로 인해 기후변화에 따른 많은 환경 문제가 발생하였다. 환경 분야의 전문가들은 지구 온도가 2℃ 상승하면 기후 위기가 심각해져 다시는 지구 환경을 기존처럼 회복할 수 없다고 이야기하고 있다. 이에 세계 각국에서는 1.5℃를 지구 온도 상승 억제의 기준점으로 잡고, 탄소 배출을 줄이기 위한 활동을 전개하고 있다.

참고로 기후변화에 관한 정부 간 협의체(IPCC, Inter-government Panel on Climate Change)에서는 2018년 "지구온난화 1.5℃ 특별보고서"를 통해, 2050년까지 전 세계 탄소 순배출량이 0이 되는 탄소중립(Net-Zero)를 달성해야만 목표하는 1.5℃ 미만으로 지구 온도 상승을 막을 수 있다고 밝혔다. 또한 가장 최근 개최된 2023년 IPCC 총회에서는 제6차 평가보고서를 통해 검토된 모든 시나리오상 2040년 내 지구 온도가 1.5℃ 상승할 수 있다는 강력한 경고를 보내면서, 다시 한번 전 세계에 더 적극적인 탄소 중립 계획과 활동이 필요함을 역설했다.

탄소중립을 위한
재생에너지의 역할

언제부턴가 미디어에서 자주 듣게 되는 단어가 바로 탄소중립 (Net-Zero)이다. 이는 인간 활동으로 배출되는 탄소량이 산림에 의한 자연적인 흡수나 탄소 포집과 같은 인위적인 절감 활동을 통해 실질적으로 0이 되는 것을 말한다. 탄소중립은 배출된 탄소를 포집하고 저장하는 기술의 개발도 중요하지만, 무엇보다도 탄소가 배출되는 활동 자체를 최대한 줄여야만 달성 가능하다고 볼 수 있다. 글로벌 에너지 전문 분석 기관들의 연구에 따르면 지구온난화를 유발하는 탄소 배출량의 약 75%는 전력과 에너지를 생산하는 영역에서 발생하고 있다. 즉, 탄소가 발생하지 않는 에너지원으로 전환하는 게 탄소중립을 위해 가장 시급한 과제인 것이다.

탄소가 발생하지 않는 에너지원은 우리 모두가 잘 알고 있듯이 재생에너지를 우선 떠올릴 수 있다. 태양광, 풍력 등 자연 요소를 활용하는 전기 생산으로 탈탄소화하는 것이다. 이 밖에 전기차 시장의 확대와 항공, 선박 등의 운송 연료를 바이오 연료나 재생에너지를 통해 생산한 그린 수소를 활용하는 것 등이 필요하다.

우리나라는 2023년 3월 대통령 직속 탄소중립녹색성장위원회에서 "국가 탄소중립 녹색성장 전략 및 기본계획"을 발표하였다. 재생에너지와 관련된 발전원 계획을 살펴보면, 재생에너지와 원전 등의 무탄소 전원을 최대한 활용하여 온실가스 감축을 추진하는 것이 핵심이다. 기존 정부의 탈원전 정책을 수정하여 원전의 확대와 재생에너지와의 조화를 강조하고, 2030년까지 석탄 발전소 20기를 폐지(현재 석탄발전 58기 운영 중) 하는 등 전체적인 전원 믹스 정책을 합리화하는 방향으로 탄소중립 실행안을 추진하는 데 그 목적이 있다고 밝히고 있다. 재생에너지의 발전 비중은 2022년 기준 9.2%에서 2030년까지 21.6%로 늘리고, 태양광에 치중되어있는 재생에너지 발전원별 비율('21년 기준 태양광 풍력 비율 87:13)도 태양광과 풍력을 60:40까지 균형 있게 보급하겠다는 목표를 설정하였다.

재생에너지 업계는 새롭게 발표된 탄소중립 계획에, 원전이 확대되고 재생에너지 비율이 낮게 조정된 것에 대해 적지 않은 우려를 나타내고 있다. 정책을 발표하는 시점의 정부 에너지 정책 방향에 따라 발전원의 비율은 조정될 수 있다. 하지만, 재생에너지가 탄소중립을 위해 중요한 역할을 해야만 한다는 사실은 어느 정부가 들어선다고 해도 변화되지 않을 것이다. 재생에너지 기술의 지속적인 개발을 통해 발전 원가를 낮추고, 유능한 신규 인력을 지속 양성해 간다면 자연스레 재생에너지가 탄소중립에 좀 더 많이 기여할 수 있을 것이다.

기후 위기에 대응하기 위한 글로벌 경제의 움직임

기후 위기는 전 세계가 힘을 모아 대응해야 하는 공동의 과제이다. 반면 이를 해결하는 과정에서 발생하는 각국의 이해관계에 따라 때로는 서로에게 위협이 되는 요인으로도 작용하고 있다. 또한 글로벌 탄소중립 정책에 따라 각국의 금융기관이 ESG(Environmental, Social and Governance)를 투자 결정 기준에 반영하고 있는 것도, 우리 경제에는 기회이자 위기로 인식되고 있다.

실례로 2020년 1월, 세계 최대 규모의 자산운용사인 블랙록(Blackrock)은 앞으로 기후변화에 적극적으로 대응하지 않은 기업에 투자하지 않겠다고 선언하며, 약 70개 기업에 대한 투자를 회수하기도 했다. ESG 경영이 투자를 비롯한 모든 기업 활동에 얼마나 중요한지 단적으로 보여주는 사례라 할 수 있다.

유럽연합에서는 이러한 ESG 경영 활동을 판단하는 기준으로, 2020년 EU 택소노미(Taxonomy)를 수립하였다. 이는 민간기업의 기후변화 대응 활동에 관한 기준을 규정하여, 금융기관의 녹색 산업 투자를 확대하는 목적을 가지고 운영되고 있다. EU가 도입하고 있는 또 다른 기후변화대응 제도는 탄소국경조정제도(Carbon Border Adjustment Mechanism, CBAM)이다. 이는 탄소중립에 대한 규제가 덜한 국가의 문제를 해결하기 위한 일종의 무역 관세로, 수출이 주력인 우리나라와 같은 경우 새로운 무역장벽이자 위기로 다가오고 있다.

미국은 2022년 8월 인플레이션 감축법(Inflation Reduction Act, IRA)를 발효하며, 미국 역사상 단일 규모로 가장 큰 기후 입법을 마련하였다. 총 7,370억 달러(약 958조, 환율 1,300원 기준) 규모의 재원 중 약 절반을 에너지 안보와 기후 위기 등에 집중하여 급격히 증가하고 있는 에너지 비용 등을 억제하는 것이 IRA의 핵심 내용이다.

하지만, 그 속내를 자세히 살펴보면 중장기적으로 미국 내 친환경 산업 관련 제조 역량을 강화하고자 하는 목적이 있다고 분석된다. 태양광, 풍력 등 재생에너지의 산업에 필요한 생산설비를 자국 내 확보하며, 이를 통해 공급망에 대한 안정성을 높이고 미국 내 판매를 증가시키기 위한 것이다. 현재 태양광, 풍력의 주요 설비는 중국이 글로벌 점유율을 지속 높혀가고 있기에 중국을 견제하기 위한 직접적인 정책으로도 보인다.

우리나라는 IRA로 인해 자동차와 배터리 시장에 대한 영향을 받고 있다. 미국 내에서 최종 생산된 전기차에만 보조금이 지급되어 당장 수출 실적에 타격이 있을 것으로 예상이 된다. 국내 배터리 제조 업체들도 니켈을 제외한 핵심 원자재를 대부분 중국에서 수입하고 있어, 미국 수출을 위한 대안을 시급히 마련해야 하는 상황이다.

이 밖에 글로벌 RE100(Renewable Energy 100) 캠페인도 우리나라와 같은 수출 주력 국가에서는 반드시 대응해야만 하는 과제이다. 기업 활동에 필요한 전력을 100% 재생에너지로 충당하기 위해서는 현재 많은 투자가 필요하고, 이로 인해 우리 기업의 수출 가격 경쟁력이 낮아질 수 있기 때문이다. 또한 글로벌 RE100 캠페인을 주도하는 주요 기업(애플, 구글 등)의 협력사로 일하고 있는 기업의 경우, RE100은 캠페인의 성격을 넘어 반드시 달성해야만 하는 의무가 되고 있기에 우리 기업의 RE100 대응을 위한 정부의 정책적 지원이 시급하다.

2000년대만 해도 재생에너지는 책과 미디어에서조차 거의 언급되지 않았던 낯선 산업의 영역이었다. 하지만 이후 15년도 되지 않은 짧은 기간에 기후 위기를 해결하기 위한 핵심 산업으로 떠오르며, 이제 재생에너지는 기업 활동에 반드시 적용해야 하는 생존의 문제로 인식되고 있다. 글로벌 신용 평가 기관과 투자기관은 ESG 경영 실적을 평가하고 투자를 진행하며, 특히 재생에너지 사용 등을 주요 평가 기준으로 적용하고 있다. ESG 경영을 지속해야만 투자를 받고 자금을 조달하며 제품을 수출할 수 있는 시대가 다가오는 것이다. 앞서 언급한 글로벌 각국의 움직임에 대해서 적시 대응하지 못한다면, 우리나라는 경제적으로 큰 타격을 입을 수밖에 없다. 탄소중립이라는 대의를 넘어 우선 우리가 살아남기 위해서라도, 재생에너지 산업에 대한 전 국민과 기업의 이해력을 높이고 재생에너지 사용량을 늘리기 위한 투자를 적극적으로 실행해야 한다.

재생에너지 산업은 재생에너지원을 활용하여 전력을 생산하는 것을 넘어, 다양한 파생 사업을 만들고 영향을 미친다. 재생에너지가 가지고 있는 간헐성(기상 조건에 따라 전력 생산량이 일정하지 않고 계속 변동되는 것)이란 단점을 극복하기 위해, 생산된 전력을 저장하고 필요시 꺼내 사용하는 에너지 저장 장치(ESS, Energy Storage System) 산업이 지속 성장하고 있다. 육·해상 운송 수단의 탄소중립을 위한 그린 수소 생산에도 재생에너지는 꼭 필요한 발전원이 되고 있다. 향후 미래 산업의 선점과 경쟁력을 확보하기 위해서도 재생에너지를 확대하고 시장을 이끌어갈 인재를 양성해야 한다.

이어지는 글에서는 기후변화 대응을 위한 글로벌 및 국내의 재생에너지 산업 관련 제도에 대해 좀 더 자세히 살펴보고, 재생에너지와 연계된 다양한 산업에 대해서도 우리가 대응해 나가야 할 방향에 관해 고민해보도록 하겠다.

글로벌 기후변화대응 제도
: EU 택소노미 및 탄소국경조정제도

탄소중립을 위한
기후금융 제도화

흔히 금융이라고 하면 전통 금융과 대체 금융으로 크게 나뉜다. 전통 금융은 주식과 채권 관련 투자를 의미하여 일반인도 쉽게 접근할 수 있는 영역이다. 대체 금융은 전통 금융 외 모든 분야를 포함하며 주로 에너지, 부동산, 자원 등 실물에 투자하는 것을 의미한다.

최근에는 탄소중립 시대를 맞이하여 이러한 금융의 정의에 있어서 새로운 개념이 등장하기 시작했다. 2020년 1월 국제결제은행(BIS) 보고서에는 '그린 스완(Green Swan)'이라는 단어가 처음 사용되며, 기후변화로 인해 발생하는 경제 또는 금융의 위기를 표현하기도 했다. 이는 발생 가능성은 낮지만 일단 발생하면 경제에 큰 충격을 몰고 오는 '블랙 스완(Black Swan)'이라는 용어에서 파생하였다. 즉, 기후변화가 초래할 수 있는 경제 및 금융위기를 막기 위한 '기후금융(Climate Finance)'의 중요성을 담고 있는 개념이다. 기후금융은 저탄소 경제의 실현을 위해 탄소 배출이 적은 기업에 투자하는 자금의 흐름을 말한다. 바로, 투자대상 기업의 친환경 경영 실적이 투자의 기준이 되는 것이다. 이와 관련하여 유럽연합에서는 2020년 3월 기후금융 투자의 기준인 EU 택소노미를 최초 발표하고, 세부 내용에 대한 수정과정을 거쳐 2023년 1월부터 적용하기 시작했다.

유럽연합은 기후 위기 시대를 맞이해 국제 질서 변화를 주도하기 위한 준비를 가장 적극적으로 해오고 있다. 앞서 언급한 EU 택소노미를 비롯해 탄소국경조정제도, 탄소중립산업법, 지속가능금융 공시규정(금융기관은 투자 자산의 지속가능성 위험 및 해당 투자가 사회와 환경에 미치는 영향에 대해 정보 공시하도록 의무화), 기업 지속가능성 보고 지침(EU 규제 시장에 상장한 기업 대상 적용) 등 다양한 ESG 관련 제도를 마련하고 있다.

유럽연합의 이러한 기후변화대응 제도는 자국의 이익을 기반으로, 타 국가의 탄소중립도 유도하기 위한 목적을 가지고 있다. 이는 미국의 IRA가 자국의 이익에 주로 초점을 맞추고 있는 것과 달리 글로벌 탄소 중립에 좀 더 집중하고 있어, 우리가 유럽연합의 기후변화대응 제도를 잘 이해하고 활용한다면 위기를 넘어 좋은 기회로 만들어갈 수 있다. 여기에서는 우리나라의 수출과 투자에도 직접 영향을 미치는 EU 택소노미 및 탄소국경조정제도에 대해 좀 더 자세히 알아보도록 하겠다.

EU
택소노미

EU 택소노미는 우리 말로 녹색 분류 체계를 뜻하며, 특정한 경제활동이나 산업이 친환경적인지를 구분하는 기준을 말한다. 이에 따라 녹색 경제활동으로 분류된 산업과 기업에 한해 주요 금융기관의 투자와 각국의 녹색정책 예산이 집행된다. EU 택소노미는 친환경 활동에 대한 기준을 구체적으로 정해서, 소위 기업의 그린워싱(친환경적인 것처럼 홍보하지만 실제로는 그렇지 않은 것) 활동을 걸러내 친환경 사업에 적극적인 투자가 이뤄지도록 하는 것을 목표로 한다.

EU 택소노미에는 세부적으로 6가지의 환경목표가 설정되어 있다. ① 기후변화 완화 ② 기후변화 적응 ③ 수자원과 해양생태계 보전 ④ 폐기물 저감과 재활용을 통한 자원 순환 경제로의 전환 ⑤ 오염방지 및 관리 ⑥ 생물의 다양성과 생태계를 보호하고 복원하는 것이다.

녹색 경제활동으로 판정되는 기준은 크게 4가지다. ① 상기 제시된 목표 중 최소 1개 이상을 달성하는 데 기여할 것 ② 다른 목표들에 큰 피해를 주지 않을 것 ③ 최소한의 사회적·지배구조적 안전장치를 준수할 것 ④ 마지막으로 기술 선별 기준에 부합할 것이다. 4가지 기준을 모두 충족할 경우 지속 가능한 경제활동으로 인정한다.

EU 택소노미 관련 가장 최근까지 논의됐던 이슈는 원자력 발전의 포함 여부였다. 유럽연합 내에서도 재생에너지를 주력으로 하는 독일과 원전을 다시 부흥시키고자 하는 프랑스 간에 에너지 패권을 주도하기 위한 힘의 경쟁이 이어지고 있다. 유럽연합은 2023년 1분기 기준으로 원전을 친환경 녹색 에너지원으로 인정하는 내용의 탄소중립산업법(Net-Zeor Industry Act) 개정안을 발표했다. 이로써 원전을 EU 택소노미에 포함시키는 것은 최종 결정이 되었으나, 핵발전 과정상의 세부적인 기술과 핵폐기물 발생 최소화 관련 범위에 대해서는 아직 각국의 협의가 진행 중이다.

우리나라도 EU 택소노미에 상응하는 한국형 녹색금융 분류체계(K-택소노미)를 만들어 2023년부터 적용하고 있다. K-택소노미는 환경부와 금융위원회가 공동으로 제정하였고, 특정 기술이나 산업활동이 탄소중립을 위한 친환경에 포함되는지에 대한 가이드라인이다. 2021년 K-택소노미의 초안은 원전을 제외하고 재생에너지와 LNG 생산활동 관련 기반 시설 구축 등 69개 경제활동을 포함하였으나, 이후 현 정부에서 EU가 원전을 포함하는 과정을 참고하여 2022년 9월에 원전을 포함한 K-택소노미를 새롭게 발표하였다.

원전이 K-택소노미에 포함되면서 녹색경제 전환의 중심에 있는 재생에너지 관련 기술 개발과 투자가 지연될 것이란 우려도 커지고 있다. 원전과 재생에너지의 적정 비율을 찾아 새로운 제도를 적용하되, 점차 재생에너지를 확대하여 탄소중립의 궁극적인 방향으로 나아가는 것은 반드시 필요하다. 유럽연합은 이미 재생에너지가 많은 비율을 차지하고 있는 상황에서 원전을 EU 택소노미에 포함하였다. 우리도 원전을 포함하되, 최소 EU 기준에 상응하는 재생에너지 확대 전략을 수립하고 실행해 나아가야 한다.

탄소국경
조정제도

탄소국경조정제도(Carbon Border Adjustment Mechanism, CBAM)는 탄소배출량 규제가 강한 국가에서 상대적으로 규제가 덜한 국가로 탄소 배출이 이전되는 문제를 해결하고자 유럽연합이 도입한 무역 관세를 의미한다. 짧게는 탄소 국경세라고 칭하며, 수입품에 포함된 탄소 가격과 역내에서 생산된 탄소 가격이 같아지게 설정하는 제도이다. 만약 수입품에 포함된 탄소 가격이 높다면 유럽연합 내 수입업자가 추가 비용을 들여 가격을 동일하게 맞춰야 한다. CBAM 부과 형태는 다양한 논의 끝에 EU-ETS(Emission Trading System, 배출권거래제)와의 연계 방안이 채택되었으며, 이에 따라 2026년부터 유럽연합에 수출하는 기업은 제품에 내재된 탄소량에 따라 가격 경쟁력 저하가 발생할 수 있다. CBAM 관련 최종법안은 2022년 12월에 유럽연합 집행위원회·이사회·유럽의회 간 합의를 통해 도출되었고, 주요 내용은 아래와 같다.

구분	대상 품목	전환 기간 (보고 의무)	시행 시점	운영 기관	배출 범위	EU-ETS 무상 할당 폐지
최종 법안	총 6개 품목 (철강, 알루미늄, 시멘트, 비료, 전력, 수소)	'23.10 ~ '25 (2년 3개월)	'26.1월 ~	중앙 등록처 신설	직접 배출 + 간접 배출 (특정 조건 아래)	'26~'33년 (8년)

| 표1. CBAM 최종 법안

※ 출처 : EU 탄소국경조정제도 현황 및 대응방안, 2022.12, 관계부처 합동 발표 자료
- 직접 배출 : 제품을 생산하는 과정에서 배출되는 온실가스
- 간접 배출 : 제품 생산 과정에 투입되는 중간재에 포함된 온실가스
- 무상 할당 : 배출권거래제하에서 기업이 별도의 추가 비용 없이 정부로부터 무료로
  인정받는 탄소배출 할당분

현재 확정된 품목은 총 6개로 철강, 알루미늄 분야는 우리나라의 대표적인 수출 기업에게도 직접적인 타격을 줄 것으로 예상된다. 최종법안에 포함된 전환 기간에는 수입품의 탄소배출량에 대한 보고 의무만 존재하며, 본격적으로 시행되는 2026년부터 수입업자가 CBAM 인증서를 구매해야 하는 의무가 발생한다.

우리가 CBAM을 대응하는 데는 여러 가지 전략과 방안이 존재하겠지만, 재생에너지 업계의 시각에서 바라본다면 6개 품목 중 전력과 수소에 대한 대응방안을 고민해볼 수 있겠다. 모두가 잘 알다시피, 전력과 수소는 제품을 만드는 데 쓰이는 원료와 같다. 즉, 제품의 탄소량을 줄이기 위해서는 전력과 수소를 재생에너지를 활용해 생산해야 한다. 우리 정부에서는 그동안 기후변화 관련 국

제 제도에 대해 외교적 대응으로, 우리 기업에 불리한 항목을 수정하는 데 많은 힘을 쏟아왔다. 국내 기업의 피해를 최소화하기 위한 이러한 대외적 활동은 정부로서 당연히 해야 하고 지속해야 할 부분이다. 하지만 이러한 노력은 탄소중립을 달성해가는 장기간의 과정에서 볼 때 임시적인 방편에 불과하다고 할 수 있다. 탄소 감축의 대부분은 결국 재생에너지 사용이 확대되어야만 가능하기 때문이다. 유럽연합이 주도하고 있는 CBAM는 결국 전 세계 기업들의 RE100 추진을 더욱 가속화할 것이다. 우리 기업도 이에 맞춰 RE100을 빠른 시간 안에 달성해야만 CBAM과 같은 제도에도 궁극적으로 대응할 수 있다.

우리나라는 아직 유럽, 미국, 중국 등 주요 수출 대상국에 비해 재생에너지 사용량이 현저히 떨어진다. 즉, 탄소 국경세가 유럽을 넘어 전 세계에 적용되면 우리 기업의 수출 제품 가격 경쟁력이 저하될 것은 불을 보듯 뻔하다. 우리 정부는 재생에너지 확대를 위한 정책과 제도 혁신을 추진하고, 기업은 재생에너지 발전 원가를 낮출 수 있는 기술 개발에 집중해야만 CBAM, RE100과 같은 새로운 무역장벽의 파고를 넘을 수 있을 것이다.

글로벌 RE100 캠페인 및
국내 기업의 참여 현황

글로벌 RE100의 출발과
기준 및 3단계 달성 과정

RE100(Renewable Electricity 100)은 기업이 2050년까지 사용 전력의 100%를 재생에너지로 충당하겠음을 선언하는 것으로, 탄소중립경제의 실현을 위해 글로벌 기업들이 자발적으로 참여하고 있는 국제 캠페인이다.

글로벌 RE100 캠페인을 리딩하고 있는 곳은 다국적 비영리단체인 더클라이밋 그룹(The Climate Group)과 2000년 영국에서 설립된 국제비영리기구 CDP(Carbon Disclosure Project)다. 참고로 CDP는 전 세계 투자기관의 위임을 받아 각국의 주요 상장기업들을 대상으로 환경 이슈 대응에 관한 정보 공개를 요청하는 프로젝트를 말한다. 이렇게 두 기관이 2014년 RE100 캠페인을 발족한 후 현재까지 공동으로 주관하고 있으며, 현재 이 캠페인은 전 세계 경제를 움직이고 때로는 제한하는 힘을 가질 정도로 영향력이 커지고 있다.

글로벌 RE100 캠페인에 회원으로 가입하기 위해서는 주관사가 정한 제한된 기준을 충족해야 한다. 회원 가입 시 세부적인 기준은 다음과 같다.

- 많은 전력을 사용하는 기업(연간 100GWh 이상)
- 《포춘》지 선정 1,000대 혹은 동급의 기업
- 전 세계 혹은 자국에서 인정받는 브랜드 기업
- RE100 캠페인 목적에 부합하고 도움이 되는 영향력 있는 기업
- 가스, 발전, 정유, 석유화학 등 화석연료 관련 산업군은 가입이 제한됨(단, CDP 위원회와 협의 후 가입 가능)

이처럼 글로벌 RE100 캠페인은 이 같은 기준에 따라 회원 기업을 선정하며, 주로 각국의 대표 기업들에 한정해 가입을 허가하는 편이다. 이런 기준 심사를 거쳐 영향력 있는 기업으로 인정받아 글로벌 RE100 캠페인에 참여하게 되면 크게 3단계 과정을 통해 RE100을 달성하게 된다.

첫 단계는 기업의 모든 활동에 필요한 전력을 100% 재생에너지로 사용하겠다고 공개 선언하고, 2050년까지 목표를 100% 달성

할 수 있는 전략을 수립하는 일이다. 좀 더 구체적으로는 회원 가입 후 1년 이내에 100% 재생에너지 달성을 위한 로드맵을 작성하며, 이때 2030년까지는 60%, 2040년까지 90% 이행 목표를 설정할 것을 권고받는다.

두 번째 단계는 목표한 계획대로 재생에너지를 조달하는 것이다. RE100 캠페인에서 인정하는 재생에너지 발전원은 7가지로 풍력, 태양광, 수력, 지열, 해양에너지, 바이오에너지, 그린 수소를 연료로 활용하는 연료전지까지 포함된다.

마지막으로 목표 달성 시점까지 재생에너지 조달 및 진행 상황을 주관기관인 CDP에 보고하고 인증을 받으면 된다.

글로벌 RE100 캠페인
이행 방법

글로벌 RE100을 이행하는 방법은 크게 직접 발전소를 건설하여 조달하는 방법과 타 재생에너지 사업자로부터 전력이나 재생에너지 공급인증서를 구매하는 방식으로 구분된다. 직접 조달 방식은 자체 재생에너지 발전소를 보유하고, 이때 발전소는 RE100 참여 기업의 내부 부지 혹은 외부 모두에 위치할 수 있다. CDP 위원회에서 인정하고 있는 외부 구매 방법은 7가지 정도로 구분되나, 여기서는 전력 구매(PPA, Power Purchase Agreement), 녹색요금제,

재생에너지 공급인증서(Unbundled EACs, Unbundled Energy Attribute Certificates) 구매의 3가지 경우로 다시 정리해서 알아보겠다.

가장 먼저 전력구매, 즉 제3자가 소유한 재생에너지 발전소로부터 직접 전력을 구매하는 방식을 살펴보자. 이 방식에는 RE100에 참여하는 기업이 소유하고 있는 부지를 임대하고, 부지를 임대한 타 사업자가 발전소를 건설 및 소유하고 전력을 공급하는 형태와 외부의 독립된 발전설비로부터 생산된 전력을 직접 전용선을 통해 공급받는 형태가 있다.

녹색요금제는 다시 녹색 프리미엄(Green Premium)과 그린 태리프(Green Tariff)의 두 가지로 구분된다. 녹색 프리미엄은 재생에너지로 생산된 전력을 구매하고자 하는 RE100 참여 기업이, 기존 요금 외에 자발적으로 추가 요금(녹색 프리미엄)을 부담하는 것이다. 녹색 프리미엄은 우리나라의 한국전력과 같은 유틸리티를 통해 직접 구매하므로 RE100 이행이 쉬운 장점이 있다. 반면, 구매하는 재생에너지 전력의 발전원 종류와 재생에너지 발전회사를 선택할 수는 없는 단점을 보유한다.

그린 태리프는 유틸리티가 재생에너지 발전사와 RE100 참여 기업 간의 전력구매를 중개하는 형태이다. 이는 유틸리티가 재생에너지 발전사를 확보하여, RE100 참여 기업에게 인증된 녹색 전력(전력+공급인증서)을 공급하는 방식으로 운영된다. 그린 태리프 계약은 재생에너지 발전사와 RE100 참여기업이 주요 계약 내용을 정한 후 재생에너지 발전사와 유틸리티 간 구매계약을 체결, 유틸리티와 RE100 참여 기업 간 전력판매 계약을 체결하는 방식으로 이루어진다. 그린 태리프는 녹색 프리미엄과 달리 재생에너지 발전사와 발전원의 종류를 선택할 수 있으며, 독립된 개별 계약으로 맞춤형 조건에 맞춰서 전력을 거래해 RE100을 이행할 수 있다.

마지막으로 재생에너지 발전사로부터 재생에너지 공급인증서만 별도로 구매하여 이행하는 방법이 있다. 이는 RE100 참여 기업이 재생에너지 공급인증서 거래시장에서 쉽게 구매할 수 있다는 장점을 보유하나, 인증서 가격의 변동성으로 인해 높은 가격에 인증서를 구매하여 추가 비용이 발생할 수 있는 리스크도 가지고 있다.

글로벌 RE100 캠페인
이행 현황

매년 1월이 되면 글로벌 RE100 캠페인 주관사에서는 회원으로 가입한 기업들의 RE100 이행 실적과 전망에 대한 보고서를 발표한다. 2023년 1월에도 참여 기업들의 RE100 이행 실적에 대한 리포트 〈2022 RE100 연간보고서(RE100 annual disclosure report 2022)〉가 발간되었다. 여기서는 해당 리포트에 언급된 주요 이행 현황에 대해 살펴보도록 하겠다.

보고서 작성에 반영된 기업은 총 334개 기업으로, 2021년에 이들이 사용한 총 전력량 376TWh 중 재생에너지로 사용된 전력량은 184TWh로 약 49%를 달성한 것으로 분석되었다. 수치로만 보면 거의 절반 가까이 이미 RE100을 달성하며 2030년 60%, 2050년 100% 기준보다도 훨씬 빠르게 목표 달성을 할 것으로 예상된다.

〈그림 1. 글로벌 RE100 기업의 재생에너지 전력 사용 현황_2021년〉

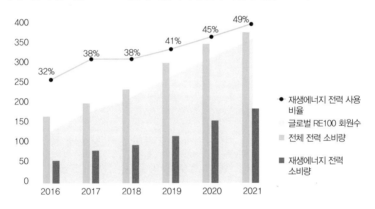

다음으로 RE100을 달성하기 위해 주로 적용되고 있는 이행 방법에 대해 살펴보겠다. 글로벌 RE100 캠페인 참여 기업들은 2021년 기준으로 재생에너지 공급인증서(Unbundled EACs)를 구매하는 방식을 가장 많이 활용하고 있지만, 점점 비중은 감소하고 있는 것을 확인할 수 있다.

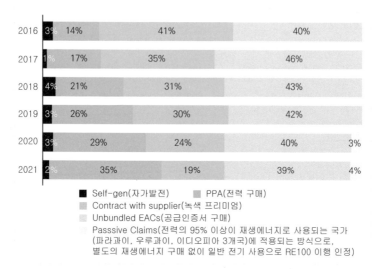

2016	3%	14%	41%	40%
2017	1%	17%	35%	46%
2018	4%	21%	31%	43%
2019	3%	26%	30%	42%
2020	3%	29%	24%	40%	3%
2021	2%	35%	19%	39%	4%

■ Self-gen(자가발전)　■ PPA(전력 구매)
■ Contract with supplier(녹색 프리미엄)
Unbundled EACs(공급인증서 구매)
Passsive Claims(전력의 95% 이상이 재생에너지로 사용되는 국가
(파라과이, 우루과이, 이디오피아 3개국)에 적용되는 방식으로,
별도의 재생에너지 구매 없이 일반 전기 사용으로 RE100 이행 인정)

※ 출처 : 〈2022 RE100 연간보고서〉

　　반면, 전력 구매(PPA) 비중은 계속 증가하면서 향후엔 가장 많은
이행 방법의 비율을 차지할 것으로 전망된다. 실제 RE100 주관기
관인 CDP는 재생에너지 발전량 자체가 증가할 수 있는 방법인 자
가 발전소 건설이나 전력 구매 방식을 권고하고 있다. 또한 유럽이
나 일부 남미 국가의 경우 재생에너지 투자비 감소로 이미 재생에
너지 생산단가가 화력발전 단가보다 낮아진 경우도 생기며, 기존
의 재생에너지 발전소에서 직접 전력을 구매하는 게 더 경제적인
수단으로 적용되고 있어 전력 구매 이행 비율이 늘어나는 결과로
나타나고 있다 할 수 있다.

국내 기업의 글로벌 RE100 캠페인
참여 현황

마지막으로 국내 기업의 글로벌 RE100 캠페인 참여 현황을 알아보자. 국내 기업은 2023년 5월 기준, 32개사가 글로벌 RE100 캠페인에 가입하였다. 2020년 6개 기업을 시작으로 점차 증가하고 있으며 삼성전자, SK 그룹 계열사 등 주요 대기업이 참여하였다. RE100을 달성하겠다고 목표한 시점은 평균 2043년 전후로 2030년까지 100% 재생에너지 전력을 사용하겠다고 선언한 기업도 5개사에 달한다.

〈2022 RE100 연간보고서〉에서는 우리나라를 일본 다음으로 재생에너지 수급이 어려워 RE100의 달성이 쉽지 않은 국가로 인식하고 있다. 사유는 재생에너지 조달을 위한 제도가 미흡하고, 수급 비용이 비싸며, 공급도 부족하기 때문이라고 밝히고 있다. 실제 국내에서는 모든 전력 거래를 한국전력이 독점해왔으며, 2022년 9월에서야 기업이 재생에너지 발전사로부터 전기를 구매할 수 있는 직접 PPA 제도가 본격적으로 시행되고 있다. 현재 국내에서 직접 PPA가 적용되는 발전원은 태양에너지, 풍력, 수력, 바이오, 지열, 해양에너지다. 2021년부터는 국내에서도 글로벌 RE100 캠페인을 벤치마킹한 한국형 RE100 제도를 만들어 시행 중에 있다(이와 관련된 내용은 2-2장 한국형 RE100 제도 및 운영 현황에서 자세히 설명하겠다).

아직은 국내의 RE100 이행 관련 제도가 도입된 지 2년 정도의 짧은 시간이 흘렀고 일부 운영의 한계점도 지적되고 있지만, 업계의 다양한 목소리를 반영하고 점차 개선하면 글로벌 기준에 부합하는 제도로 정착할 것이라 기대한다. 참고로 글로벌 RE100 캠페인에 가입한 32개 기업은 아래와 같다.

〈표1. 국내 기업의 글로벌 RE100 캠페인 가입 현황_2023년 5월 기준〉

번호	기업명	가입년도	RE100 달성 목표시점
1	SK주식회사	2020	2050
2	SK텔레콤	2020	2050
3	SK하이닉스	2020	2050
4	SK머티리얼즈	2020	2050
5	SK실트론	2020	2050
6	SKC	2020	2050
7	SK아이테크놀로지	2021	2030
8	미래에셋증권	2021	2025
9	롯데칠성음료	2021	2040
10	고려아연	2021	2050
11	아모레퍼시픽	2021	2030
12	LG에너지솔루션	2021	2030
13	KB금융그룹	2021	2040
14	한국수자원공사	2021	2050
15	삼성전자	2022	2050
16	삼성디스플레이	2022	2050
17	삼성SDI	2022	2050
18	삼성전기	2022	2050
19	삼성바이오로직스	2022	2050
20	현대자동차	2022	2045
21	현대모비스	2022	2040

22	현대위아	2022	2050
23	기아	2022	2040
24	KT	2022	2050
25	LG이노텍	2022	2030
26	네이버	2022	2040
27	인천국제공항공사	2022	2040
28	삼성생명	2023	2040
29	삼성화재	2023	2040
30	롯데웰푸드	2023	2040
31	신한금융그룹	2023	2040
32	카카오	2023	2040

2장

국내 재생에너지 제도 및 연계 산업 소개

FIT 및 RPS 제도

국내 재생에너지 산업이 시작된 것은 2004년 [신에너지 및 재생에너지 개발·이용·보급 촉진법]이 마련되고, 2006년 제3차 전력수급기본계획에 재생에너지가 발전설비계획의 한 분야를 공식적으로 차지하면서부터라고 볼 수 있다. 2000년대만 해도 햇빛과 바람 등을 활용하여 전기를 생산한다는 것이 아직은 낯선 모습이었고, 사업으로 볼 때도 수익성이 현저히 낮았다. 당시만 해도 1MW 규모의 태양광 사업을 하려면 부지가 6,000평 정도가 필요했고(현재는 약 3,000평 규모에 1MW 설치가 가능하다), 또한 태양광 패널의 효율도 좋지 않아서 하루에 평균 3~4시간만 전력을 생산해서는 사업으로써 투자 가치를 만들기 어려운 상황이었다. 이에 정부에서는 민간에서 재생에너지 사업을 진행할 수 있도록 보조금을 투입하는 제도를 만들어 산업 초기를 이끌어 가기 시작한다.

재생에너지 사업 활성화를 위해 처음 만들어진 제도는 발전차액지원제도(FIT, Feed In Tariff)다. 이는 정부가 재생에너지 사업자에게 지급하는 보조금 제도로, 민간 기업과 개인도 재생에너지 사업에 투자할 수 있도록 지원하는 방안이었다. 이후 기후변화 대응을 위한 주요 사업으로 재생에너지 공급을 더욱 확대하기 위해 2012년 신재생에너지 의무할당제(RPS, Renewable Portfolio Standard)를 도입하였다. RPS 제도는 기존 대규모 화력발전 사업자들이 재생에너지 사업에 의무적으로 참여하도록 강제하는 제도로 국내 재생에너지 산업의 고속 성장을 실질적으로 이끌어온 제도라 할 수 있다. RPS 제도가 도입된 지난 10년은 재생에너지가 양적으로 빠르게 성장하는 시기였지만, 반대로 태양광, 바이오매스 혼소(混燒) 발전 등 빠르게 사업 추진이 가능한 일부 발전원에만 쏠림 현상이 나타나는 부작용도 발생하였다. 이에 RPS 제도를 다시 되돌아보고 부족한 부분을 개선해야 한다는 목소리도 조금씩 커지고 있다.

최근 재생에너지 시장에 가장 큰 화두는 이전 글에서도 언급했던 RE100이다. 기존에는 발전업을 하던 기업과 개인들이 재생에너지 사업을 하는 대다수였다면, 이제는 수출이 주력인 국내 모든 기업이 재생에너지를 이해하고 사업에 적용해야만 하는 시대가 열린 것이다. RE100 대응과 관련하여 타 선진 국가에서는 민간 기업이 주도적으로 진행 중이나, 재생에너지 인프라가 상대적으로 아직 부족한 우리나라는 정부 주도하에 한국형 RE100 제도를 도입하여 기업의 참여를 독려하고 있다. 이에 재생에너지 사업에 관심이 있는 누구나 정부가 운영하고 있는 한국형 RE100 제도에 대해서 이해해야 할 필요가 있다.

이번 장에서는 국내 재생에너지 산업의 성장을 위해 정부가 적용하고 있는 지원 제도를 면밀히 살펴보고, 재생에너지와 연계하여 우리나라의 미래 산업으로 성장 가능성이 높은 다양한 분야에 대해서도 같이 알아보도록 하겠다.

재생에너지 지원 제도1
: FIT

FIT는 2002년 처음 도입된 재생에너지 지원 제도로, 재생에너지로 생산한 전기의 거래 가격이 에너지원별 표준비용을 반영한 기준가격보다 낮을 경우 그 차액을 정부가 지원해주는 것이다. 발전차액 기준가격은 발전원별로 '수명기간 평준화 발전비용 분석(Life Cycle Cost Analysis)' 등을 통해 설치비, 운영비, 이용률, 타 국가의 사례 등을 반영하여 표준모델을 만들어 산정한다. 차액을 지원하는 대상 발전원은 태양광, 풍력, 소수력, 바이오에너지, 폐기물에너지, 조력, 연료전지가 해당하며 해당 사업을 추진하는 사업자는 생산된 전력을 전력거래소에 판매한 뒤 기준가격과 전력거래 가격 간의 차액을 전력기반기금을 통해 지원받게 된다. FIT는 재생에너지 사업 초기에 시장을 이끄는 역할을 해왔지만, 시장이 점차 커지면서 정부가 부담해야 하는 금액 또한 급격하게 증가하기 시작했다. 이에 정부에서는 새로운 대안으로 RPS 제도를 시행하게 되었다.

FIT 제도는 2012년 RPS 제도가 도입되면서 현재는 폐지되었으며, 2018년 7월부터 소규모의 태양광 발전사업자를 위한 한국형 FIT(소형 태양광 고정가격계약 매입)를 새롭게 도입하여 적용하고 있다. 한국형 FIT는 30kW 미만의 태양광 발전소를 운영하는 사업자는 누구나 참여 가능하며, 100kW 미만 태양광 발전소는 농·축산·어민, 협동조합이 자격을 증빙하는 서류를 제출하면 참여 가능하다. 한국형 FIT는 정부가 직접 보조금을 주는 것이 아닌 한국전력 산하 6개 발전자회사와 계약을 체결하는 방식으로, 진행 절차는 아래 그림을 참조하면 된다.

〈그림1. 한국형 FIT 진행 절차〉

1	매입공고	센터			• 참여자격 • 계약단가 • 계약방식
2	접수신청	태양광발전사업자(연중)			• 자격요건 확인
3	설비등록	센터(접수 후 1달 이내)			• 설비접수 및 검토 • 설비 확인서 발급
4	계약체결	공급의무자(그룹1) 한수원, 중부발전, 서부발전, 남부발전, 남동발전, 동서발전	←→	사업자	• 센터가 계약 중계
5	정산	공급의무자(그룹1) 한수원, 중부발전, 서부발전, 남부발전, 남동발전, 동서발전	←→	사업자	• SMP(한전·전력 거래소) 및 REC(발전6사) 정산

※출처: 한국에너지공단 신재생에너지센터

46

한국형 FIT도 5년간 한시적으로 적용되어 2023년 7월에 폐지될 예정이다. 현재 정부는 제도의 연장을 검토 중이나, 2022년 11월에 발표한 '에너지 환경변화에 따른 재생에너지 정책 개선방안'을 통해 제도를 연장하더라도 참여 대상, 한도, 계약 가격 등을 전면적으로 개편할 예정이라고 밝혔다.

재생에너지 지원 제도2
: RPS

RPS는 일정 규모(500MW) 이상의 발전설비를 보유한 사업자에게 일정 비율만큼 구체적인 수치의 신·재생에너지 공급 의무발전량을 할당함으로써 신·재생에너지 보급을 확대하기 위해 도입한 제도다. 2023년 기준으로 25개 사업자가 해당하며, 신·재생에너지 발전소를 직접 건설하여 전력을 생산하거나, 타 사업자로부터 REC(Renewable Energy Certificate, 신·재생에너지 공급 인증서)를 구매하는 방식으로 할당된 의무량을 충당할 수 있다. 이때 1REC는 1MW 규모의 신·재생에너지 발전소에서 1시간 동안 생산된 전력량인 1MWh에 대한 인증서를 의미한다.

실제 RPS 공급의무자가 의무 이행량을 자체 사업만으로 모두 달성하는 것은 쉽지 않기 때문에, 다양한 민간 사업자가 신·재생에너지 발전소에서 생산하는 REC를 구매함으로써 민간 사업자의 신·재생에너지 사업 참여가 늘어날 수 있도록 유도하고 있는 것이다.

현재 매년 적용되는 RPS 의무이행 비율은 개정 중에 있으며 개정안에 따르면 2023년 13%에서 2030년에는 25%의 전력을 신·재생에너지로 생산하게 된다. 참고로 RPS 제도를 적용받는 공급의무자는 아래와 같다.

〈표1 : RPS 공급의무자(2023년 기준, 25개사)〉

발전공기업 (6개사)	한국수력원자력, 한국중부발전, 한국서부발전, 한국남동발전, 한국남부발전, 한국동서발전
공공기관 (2개사)	한국지역난방공사, 한국수자원공사
민간 발전사 (17개사)	포스코에너지, SK E&S, GS EPS, GS 파워, 씨지앤 율촌전력, 평택에너지서비스, 대륜발전, 에스파워, 포천파워, 동두천드림파워, GS동해전력, 파주에너지서비스, 포천민자발전, 신평택발전, 나래에너지서비스, 고성그린파워, 강릉에코파워

RPS 공급의무자는 당해 연도 신·재생에너지 발전 의무 공급량의 20% 이내에서 3년간 이행 연기가 가능하며, 공급의무자의 당해 연도 공급의무량 대비 이행 실적을 평가하여 미 이행량에 대해 과징금(공급인증서 평균거래가격의 150% 이내)를 부과하고 있다. RPS 제도의 운영 절차는 아래 그림을 참고 하기 바란다.

| 〈그림2. RPS 제도 운영절차〉

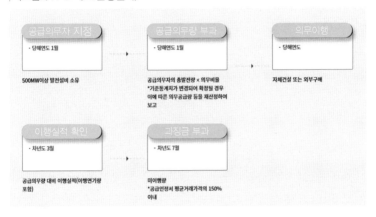

공급의무자 지정
- 당해연도 1월

500MW이상 발전설비 소유

공급의무량 부과
- 당해연도 1월

공급의무자의 총발전량 × 의무비율
*기준통계치가 변경되어 확정될 경우
이에 따른 의무공급량 등을 재산정하여
보고

의무이행
- 당해연도

자체건설 또는 외부구매

이행실적 확인
- 차년도 3월

공급의무량 대비 이행실적(이행연기량
포함)

과징금 부과
- 차년도 7월

미이행량
*공급인정서 평균거래가격의 150%
이내

※출처: 한국에너지공단 신재생에너지센터

한국형 RE100 제도
개요

글로벌 RE100은 탄소중립과 에너지 전환이라는 큰 목적을 가지고 2014년에 시작된 캠페인이다. 하지만 RE100은 단순한 캠페인을 넘어서, 이제 모든 사업에서 적용해나가야 하는 현실이 되고 있다. RE100이 우리 기업의 생존 문제와도 직결되는 현실적인 목표가 되어가고 있다는 의미이다.

전 세계 대부분 국가에서는 RE100 캠페인을 민간이 주도하고 있으나, 국내는 아직 재생에너지 인프라가 부족한 편이라 정부의 주도 아래 2021년 한국형 RE100 제도를 도입하고 기업의 참여를 독려하고 있다.

먼저 한국형 RE100 가입 기준에 대해서 살펴보겠다. 한국형

RE100 가입 기준은 글로벌 RE100과는 달리 특별한 제한 사항이 없다. 연간 전력 사용량에 대한 제한도 없어 규모와 관계없이 일반 기업, 지자체, 공공기관도 가입할 수 있다. 한국형 RE100에 가입한 기업 및 기관은 글로벌 RE100 대응 및 탄소중립, ESG 경영, 추가로 홍보를 위한 마케팅 활용까지 기대할 수 있다.

〈그림1. 한국형 RE100 참여 절차〉

※ 출처: 한국에너지공단 신생에너지센터

한국형 RE100에 가입한 기업 및 기관은 의무적으로 2050년까지 재생에너지 사용 100%를 달성할 수 있는 목표와 전략을 수립해야 한다. 다만, 글로벌 RE100 캠페인처럼 2030년, 2040년 등 중간 과정의 목표는 별도로 권고받지 않고 현실적으로 달성할 수 있는 자발적인 목표를 수립할 수 있다. 또한 글로벌 RE100은 참여기업의 전 세계 모든 사업장을 대상으로 RE100 이행을 해야 하나, 한국형 RE100은 국내 사업장에 한해 목표를 달성하면 된다.

한국형 RE100 달성을 위해 인정되는 재생에너지 발전원은 태양광, 풍력, 수력, 해양에너지, 지열, 바이오에너지 총 6가지다. 전력을 생산할 때 탄소가 배출되지 않는 재생에너지 발전원만 해당하며, 글로벌 RE100과 달리 그린 수소를 활용한 연료전지는 인정되지 않는다.

한국형 RE100
이행 방법

한국형 RE100을 이행하는 방법은 총 6가지로 구분된다. 녹색 프리미엄, 재생에너지 공급인증서(REC) 구매, 제3자 PPA, 직접 PPA, 지분투자, 자가 발전으로 하나씩 자세히 살펴보겠다.

① 녹색 프리미엄

RE100 참여사가 기존 전기 요금에 더해 추가 비용을 지불하고 재생에너지를 구매하는 것으로 가장 손쉽게 RE100을 달성할 수 있는 방법이다. 한국전력에서 매년 상반기에 공고하는 녹색 프리미엄 입찰에 참가하여 재생에너지를 구매할 수 있으며, 구매 후 한국전력으로부터 발급 받은 재생에너지 확인서를 통해 RE100 이행을 인정받게 된다. 만약 상반기 입찰 시 남는 물량이 발생하면 하반기에 추가로 입찰이 진행된다.

<그림2. 녹색 프리미엄 진행 절차>

※ 출처: 한국전력 에너지마켓플레이스

녹색 프리미엄은 이행의 편의성 측면에서 RE100 참여사가 가장 많이 참여하고 있는 방법이나, 온실가스 감축으로는 인정되지 않는 단점을 보유하여 정부에서 기대하는 만큼의 성과는 아직 도달하지 못하고 있다. 하지만 RE100 이행 기업이 증가하며 2023년 상반기에는 2021년상반기 대비 약 5.7배 늘어난 낙찰 물량 결과(2021년 1,252GWh, 2023년 7,076GWh)를 보여주고 있어서 낙찰 물량은 향후에도 지속 증가할 것으로 전망된다.

② 재생에너지 공급인증서(REC) 구매

RE100 참여사는 재생에너지 사업자가 RPS 의무 이행을 위해 사용한 REC를 제외하고 남는 REC를 구매하여 RE100을 이행할 수 있다. 한국에너지공단에서는 한국형 RE100 인증서 거래 플랫폼을 만들어 RPS 의무 이행 후 남는 REC가 거래될 수 있도록 지원하고 있으며, RE100 참여사는 REC 구매를 통해 RE100 이행 및 온실가스 감축 실적도 인정받을 수 있다.

| 〈그림3. REC 거래 플랫폼을 통한 이행 방법〉

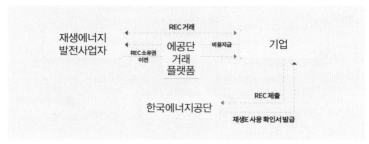

※ 출처: 한국에너지공단 신재생에너지센터

REC를 구매하는 방법은 크게 플랫폼을 통한 거래와 장외거래 방식 2가지로 구성된다. 플랫폼 거래는 REC 전용 거래 플랫폼에서 매월 첫째, 셋째 금요일 10~16시에 진행된다.

장외거래는 재생에너지 사업자와 RE100 참여사 간 직접 계약을 체결하고 이를 RE100 거래 시스템에 등록하여 REC를 이전하는 방식이다.

③ 제3자 PPA

제3자 PPA는 한국전력이 중개인의 역할로 RE100 참여사가 재생에너지 사업자와 전력을 구매하는 계약(PPA, Power Purchase Agreement)을 체결하는 방식으로, RE100 참여사가 생산된 재생에너지 전력과 REC를 함께 구매하는 방식이다.

※ 출처: 한국전력 에너지마켓플레이스

제3자 PPA는 계약 대상에 일부 조건이 존재한다. 재생에너지 전력을 공급하는 사업자는 1MW 규모를 초과하는 설비를 보유해야 하며, RE100 참여 기업도 1MW 이상의 일반용·산업용 계약전력을 갖는 소비자로 한정한다. 전기와 REC를 구매하는 가격은 재생에너지 사업자와 RE100 참여사 간 협상하여 결정하고, 추가로 RE100 참여사는 한국전력에 전력을 공급받기 위해 사용하는 전력망 이용료와 기타 수수료를 지불한다. 2023년 상반기 기준으로 국내에 제3자 PPA가 체결된 사례는 총 4건으로 현대엘리베이터, 아모레퍼시픽, 네이버, 롯데글로벌로지스가 참여했다.

④ 직접 PPA

직접 PPA는 한국전력의 중개 없이 재생에너지 사업자와 RE100 참여 기업 간 직접 PPA 계약을 체결하는 것을 말한다. 직접 PPA는 2021년 10월에 직접 PPA 내용을 담은 전기사업법 시행령 개정안이 마련되었고, 2022년 9월 재생에너지 사업자의 직접전력거래 등에 관한 고시 제정안이 시행되면서 본격적으로 진행되었다.

RE100 참여 기업은 전력 구매 가격을 사업자와 직접 협의하며, 한국전력에 전력망 사용에 대한 이용료를 지불하게 된다. 참고로 직접 PPA의 경우는 제3자 PPA와 달리 발전사업자에게 REC가 발급되지 않으며 초과 발전량에 한해서만 발급된다. 2023년 상반기 기준 현재까지 체결된 직접 PPA 사례는 총 4건으로 이 중 GS EPS와 LG전자는 한국전력의 송전망을 이용하지 않는 비계통연계형 직접 PPA를 처음 체결하는 성과를 달성했다.

직접 PPA는 RE100 참여 기업의 계약전력 용량도 300kW 이상으로 확대하여 더 많은 기업이 이용할 수 있도록 하고 있다. 또한 전력거래소가 부과하는 거래수수료도 3년간 면제하고, 중소·중견기업은 녹색 프리미엄으로 조성된 재원을 활용하여 한국전력의 전력망 이용요금을 1년간 지원하는 등 제도 보완을 하여 운영 중에 있다.

⑤ 지분투자

지분투자는 RE100 참여 기업이 재생에너지 사업자의 특정 프로젝트에 일정 지분을 투자하고 PPA 혹은 REC 공급 계약을 별도로 체결하는 방식이다. 지분을 투자함으로써 전력 및 REC 구매 가격에 대한 협상력을 강화하고, 지분 비율만큼 추후 배당수익도 얻을 수 있는 방법이다. 다만 초기 투자비가 필요하고 수익성 분석

등 복잡한 절차가 진행되기에 아직까지 적극적으로 활용되진 않고 있다.

⑥ 자가발전

자가발전은 RE100 참여사가 자체 소유의 재생에너지 발전소를 건설하여 생산된 전력을 소비하는 방식으로 글로벌 RE100 주관기관에서도 PPA와 함께 가장 권고하는 수단이다. 자가 소유 발전소는 참여사가 직접 소유한 부지 혹은 외부에 위치할 수 있으나, 주로 직접 소유한 부지 혹은 공장 지붕을 활용한 경우가 대부분이다. 특히 외부 부지의 경우 재생에너지 사업개발 시 복잡한 인허가 과정에서 지역 주민과의 갈등이 불거질 수 있기에, 자가 소유의 지붕형 태양광 사업이 RE100 이행을 위한 자가발전의 대부분을 차지하고 있다.

한국형 RE100
참여 현황

한국형 RE100에 참여한 국내 기업의 수는 2023년 1분기 기준으로 250개사가 가입되어 있다.

한국형 RE100은 글로벌 RE100과 달리 회원 가입에 특별한 제한이 없기 때문에 중견·중소기업의 가입 비율도 절반 이상을 차지하고 있으며, 특히 중견·중소기업은 글로벌 RE100 캠페인에 가입한 대기업과 사업의 밸류체인상 함께 일하고 있는 기업의 가입이 늘고 있다. 즉, 글로벌 RE100 이행을 해야 하는 대기업이 함께 일하는 파트너사에 RE100 이행을 권고 및 요청하고 있는 것이다. 그 밖에 일부는 기업과 제품을 홍보하기 위한 마케팅 목적으로도 가입이 늘어나고 있는 것으로 파악된다.

현재 한국형 RE100의 이행 방식은 녹색 프리미엄과 REC 구매로 대부분 이뤄지는 있는 실정이다. 아무래도 이행이 쉽고 빠르기 때문이다. 최근 대기업 중심으로 자체 소유한 부지에 자가 발전소를 설치하는 비율이 점차 증가하고 있지만 아직은 그 비율이 10% 정도 수준에 머물고 있다. 재생에너지 전력을 구매하는 PPA 방식도 아직은 사례가 많지 않아, 재생에너지 발전소를 늘리고 이를 통해 재생에너지 전력 생산량을 확장하는 선순환이 이뤄지지 않고 있다. RE100 본연의 목적에 맞는 자가 발전소 설치나 PPA 방식의 비율을 늘리기 위한 정부와 업계의 노력이 필요하다.

한국형 RE100 한계점 및 개선 방향

RE100을 통해 탄소중립과 에너지 전환이라는 본질적 성과를 달성하기 위해서는 많은 기업들이 재생에너지 발전소를 건설하고, 타 발전사업자로부터 전력을 직접 구매하는 비율이 늘어야만 가능하다. 하지만 현재 RE100 참여사가 PPA 계약을 통해 재생에너지 전력을 사용하기 위해서는 일부 한계점이 지적되고 있다.

우선 PPA 계약 체결 시 RE100 참여사가 부담해야 할 전력 구매 금액에는 한국전력의 전력망 이용료가 포함된다. 망 이용료는 kWh당 평균 30원 수준으로 기타 수수료까지 더할 경우 kWh당 40~50원의 추가 비용이 발생한다. 현재 산업용 전기 요금의 평균 가격이 kWh당 115원 수준인 것을 감안하면 35~45% 정도 전기 요금이 상승하게 된다. 실제로 망 이용료를 포함하여 태양광, 풍력 발전사업자와 PPA 계약 체결 시 금액은 태양광 평균 190원, 육상 풍력 평균 210원대에 형성될 것으로 예상된다. 즉, 산업용 전기 요금 대비 실질적으로 2배 가까운 전기 요금을 내고 재생에너지 전력을 사용해야 하는 상황이 발생하는 것이다. 결국 재생에너지 발전 원가도 아직 비싼 가운데, 망 이용료와 같은 추가적인 부담이 지속된다면 RE100 참여사가 PPA 계약을 체결할 유인이 발생하지 않게 된다.

다른 제약 사항은 RPS 제도에 의해 RE100 달성이 어려워지는 아이러니한 상황이 생기고 있다는 것이다. RPS와 RE100은 둘 다 재생에너지 사업을 육성하고 탄소중립경제를 달성하기 위한 공동의 목표를 가지고 있는 제도이다. 하지만 RPS 의무 공급 대상자들의 의무 생산 비율이 지속적으로 높아지면서, RE100 참여사보다 RPS 의무 이행 대상 발전사들이 재생에너지를 확보해야 할 필요성이 더 커지고 있다. 이렇다 보니 국내의 많은 재생에너지 발전사업자들이 RPS 대상 기업과 주로 계약을 맺고 있어, 정작 RE100 참여사가 PPA나 REC 구매 계약을 할 수 있는 재생에너지 발전소가 줄어들고 있다. 또한 업계에 따르면 RE100 기업이 제시하는 태양광 발전소의 평균 전력 거래 가격은, 재생에너지 사업자가 RPS 의무 대상 기업과 계약 체결 시 얻을 수 있는 매출(REC 매출 포함) 대비 85% 수준에 머무는 것으로 나타났다. 즉, RE100 참여사는 수익성 측면에서도 재생에너지 사업자에게 외면 받고 있는 상황이다.

마지막으로 2023년 1월 한국전력이 '재생에너지 전력 사용고객 전기요금' 일명 재생에너지 PPA 전용 요금제를 신설한 것도, RE100 참여사에게는 오히려 전기 요금이 상승되는 역효과를 불러오고 있다. PPA 전용 요금제는 재생에너지 PPA 계약을 통해 재생에너지 전력을 구매한 기업이 부족한 전력을 한국전력으로부터 공급받을 때 적용받는 요금이다. 산업용 전기 요금보다 기본요금 및 경부하(전기소비가 적은 시간대, 22시~8시) 요금은 인상하고, 중간부하(경부하, 최대부하 시간대 외 시간) 및 최대부하(전기소비가 가장 많은 시간대, 11시~12시, 13시~18시) 요금은 낮췄다. 이 중 기본요금이 약 50% 이상 올라, 일부 전력을 재생에너지 PPA 계약을 체결한 기업이 나머지 대부분의 전기 사용량에 대한 높아진 기본요금을 지불해야 하는 상황이 발생하게 되었다. PPA 전용 요금제는 업계 논의를 거쳐, 2023년 7월부터 적용될 예정이다.

이러한 한계로 RE100 이행을 위한 PPA 체결 사례가 증가하지 않고, 녹색 프리미엄이 대부분 적용되고 있다. 녹색 프리미엄은 평균 kWh당 10원대(2023년 상반기 평균 낙찰가격은 kWh당 10.5원임)로 약 10%만 더 비용을 투자하여 RE100을 이행할 수 있는 것이다. 하지만 녹색 프리미엄은 단순히 한국전력에서 공급하는 전기료에 프리미엄을 지급하는 방식으로, 진정한 RE100 이행이라 하기에는 논란의 소지가 있다. 실제 녹색 프리미엄은 웃돈을 주고 사는 전력을 재생에너지 전력으로 특정할 수 없다는 이유에서, 기업의 온실가스 감축으로 인정받지 못하고 있다.

　결국 이러한 한계를 극복하기 위해선 RE100 기업이 자체 발전소를 많이 지을 수 있는 요인을 제공하고, PPA 계약 체결 시 한국전력의 망 이용료를 할인 혹은 제외해주는 등의 정부 정책 지원이 시급하다. 타 재생에너지 사업에 대한 지분 투자나 자체 발전소를 건설한 투자 비용에 대해 투자세액공제를 해줘, 다양한 방식으로 RE100을 이행할 수 있는 지원도 필요하다. 아직은 한국형 RE100이 도입된 지 2년 정도의 짧은 시간이 경과했을 뿐이다. 제도를 운영하며 발생한 한계점에 대해 업계의 다양한 이해관계자들과 계속 협의하고 빠르게 조치한다면 우리가 목표하는 기간 내 RE100을 달성하는 것이 불가능하진 않을 것이라 생각한다.

재생에너지 연계 산업 1
: ESS

재생에너지의 단점을 극복하기 위한
ESS의 역할

재생에너지 사업을 추진하는 데 있어서 대표적으로 논의되는 2가지 단점은 바로 간헐성(기상 조건에 따라 전력 생산량이 일정하지 않고 계속 변동되는 것)과 발전원 특성상 전력 계통에 많은 부담을 준다는 것이다. 화력발전과 같이 원료 공급에 따라 일정하게 전력을 생산하지 못하고, 햇빛이 비추거나 바람이 많이 부는 특정 시간에 전력 공급이 집중되어 전력 계통에 부담을 주게 되는 것이다. 이러한 재생에너지의 단점을 극복하기 위한 해결사가 바로 ESS(Energy Storage System), 에너지 저장 시스템이다.

ESS는 재생에너지에서 생산된 전력을 저장하고 필요 시 다시 방출하며, 전력 활용 효율을 높이기 위해 주로 활용된다. 또한 전력피크 관리, 주파수 조정 등 전력 계통 안정화를 위한 목적으로도 사용되고 있다. 실제로 국내에서는 재생에너지 산업 확대에 따라 ESS의 전력 수급 관리 역할이 커지고 있고, 전력피크 발생 시간에 맞춰 ESS 방전량과 시간대를 조정하며 ESS를 운영하고 있다. 특히, 여름철 전기사용량이 급속히 늘어나는 문제를 해결하기 위해 ESS의 충전 시간대를 오전 6시부터 오후 3시, 방전은 오후 4시부터 10시까지로 운영하며 매년 이어지는 전력 수급 위기에서 ESS의 장점을 적극 활용하고 있다.

ESS 개요 및 특성

ESS는 말 그대로 에너지를 저장하는 시스템이다. 전기는 생산과 동시에 흘러가 버리기 때문에, 사용하거나 저장하지 않으면 그대로 버려지게 된다. 재생에너지 발전원은 간헐성 때문에 정부에서 전력을 생산하는 시점과 전력량을 통제할 수 없어 생산된 전력의 저장이 필수다.

ESS는 일반적으로 배터리, PCS(Power Conversion System), BMS(Battery Management System), EMS(Energy Management System) 4가지로 구성된다. PCS는 전력변환장치로 직류(DC)와 교류(AC)를 변환하며 전력 품질을 담당하는 장치이다. BMS는 ESS를 구성하는 많은 개수의 배터리셀을 관리해주는 시스템으로 전압, 온도 등에서 이상이 감지되면 충·방전 작동을 중단시키는 역할을 수행한다. 마지막으로 EMS는 ESS 전체 시스템을 관리하는 소프트웨어로,

ESS의 충·방전되는 전기량을 모니터링하는 등 ESS 운영의 통합 감시, 제어를 담당한다.

| 〈그림1. 에너지 저장 시스템 구성도〉

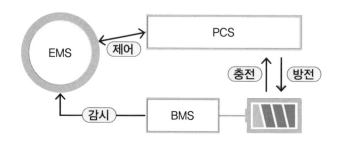

현재 ESS 시장을 주도하고 있는 배터리는 리튬 이온 2차 전지로, 충·방전 효율이 좋고 설치 비용도 상대적으로 저렴하여 타 제품 대비 가장 빠른 성장률을 보이고 있다. 리튬 이온 전지가 ESS에 가장 많이 적용되고 있는 이유는 우선, 충·방전이 자유롭다는 것이다. 전력을 저장하거나 전달하는 시간이 매우 빠르기 때문에 재생에너지 발전소의 간헐성이란 단점을 극복하는 데 최적의 조건을 갖추고 있다. 또한 에너지 효율도 90% 이상 수준을 보유하여, 전력 수급 상황에 맞게 충·방전 시간대를 운영하여 전력 계통 안정화에 기여할 수 있다

하지만 리튬 이온 전지도 단점을 가지고 있다. 바로, 화재의 위험성이 높다는 것이다. 배터리 총 용량에 맞춰 100% 충·방전을 지

속하다 보면 많은 열이 발생해 때때로 화재가 발생하는 것이다. 이에 따라 배터리 용량의 80% 수준에서만 충·방전을 실시하는 등 임시 조치가 취해지고 있다. 향후 BMS 고도화 등을 통해 화재 리스크를 극복하는 것이 ESS 시장이 확대되는 데 가장 중요한 포인트라 할 수 있다.

글로벌 ESS
시장 현황

에너지 전문 시장조사업체인 블룸버그 NEF는 전 세계 ESS 시장 규모가 2021년 62GWh에서 연평균 36.5%의 성장을 통해 2030년 1,028GWh에 다다를 것으로 전망했다. 지속된 기술혁신으로 배터리 가격은 낮아지고, 세계 주요 국가들이 정책 지원 등으로 ESS 산업을 육성하고 있어 글로벌 성장은 더욱 빨라질 것으로 예상된다.

글로벌 ESS 시장을 선도하는 있는 국가는 바로 미국이다. 미국은 연방정부와 주정부 차원의 다양한 정책을 추진하고 있다. 특히 캘리포니아주는 2010년 세계 최초로 ESS 설치 의무화 법안을 제정하였고, 2011년부터는 ESS의 전력시장 참여를 허용하며 ESS 시장을 이끌고 있다. 2021년 바이든 정부가 출범하며 기존 화석연료 중심 에너지 정책을 탈피하고, 재생에너지를 비롯한 청정에너지를 확대하고 있어, 피크 절감이나 계통 안정 및 전력 품질 유지를 위한 ESS 필요성은 지속 증가할 것으로 보인다. 현재까지 미국은 전력 품질 유지를 위한 주파수 조정용 ESS가 주로 설치되어왔으나, 향후에는 재생에너지 발전소와 연계한 ESS 시장이 더 커질 것으로 전망된다. 연방정부의 재생에너지 확대 정책에 따라, 재생에너지 발전소에 설치되는 ESS에 세제 혜택(ITC, Investment Tax Credit)을 제공하기로 하면서 민간의 투자 확대를 이끌고 있다.

유럽 또한 ESS를 지속 확대하고 있다. 독일과 영국 등 재생에너지 발전 비율이 높은 국가는 에너지 가격의 안정화와 전력 계통의 유연성을 확보하기 위한 ESS 투자를 늘리고 있다. 특히, 영국은 2021년 기준 약 1.5GW에 달하는 ESS 설치 규모를 2040년까지 29GW로 확대할 계획에 있다.

아시아에서는 일본과 중국이 시장을 주도하고 있다. 글로벌 분석기관의 보고서 등에 따르면 중국은 2050년까지 ESS 설치 용량이 222GW에 달할 것으로 전망하고 있다. 2019년 기준 설치된 용량이 1.4GW인 것을 감안하면 약 158배에 이르는 매우 높은 성장 전망치다. 일본은 2050년까지 약 69GW의 ESS를 설치할 계획으로, 대규모 재생에너지 사업 추진과 함께 ESS를 미래 성장 동력으로 육성하고 있다.

국내 ESS 시장 현황 및 개선 방안

글로벌 ESS 시장이 지속 확대되고 있는 것과 달리, 국내 ESS 시장은 오히려 존폐의 위기를 느낄 정도로 어려운 시기를 보내고 있다. 국내는 재생에너지 사업에 ESS를 함께 설치할 경우, ESS에 저장하고 방출하는 전력량에 대해 재생에너지 공급인증서(REC, Renewable Energy Certificate)를 추가 발급해주는 제도를 통해 ESS 시장을 확대해왔다. 2016년 9월, 태양광 사업에 연계하는 ESS에 대해 2017년 12월까지만 한시적으로 혜택을 부여하고자 했으나 당시 ESS의 잦은 화재 사건 등으로 시장이 위축되어 추가적으로 3차례 지원 기간을 연장하였다. 마지막 연장 기간인 2020년 12월을 기점으로 재생에너지 연계 ESS에 대한 추가 REC 혜택은 폐지되었고, 이후 재생에너지 사업을 통한 ESS 설치 사례는 급격히 감소하였다.

국내에서 재생에너지와 연계한 ESS 시장이 아직 제대로 자리 잡지 못한 이유는 정부의 REC 지원 혜택이 종료된 영향도 있지만, 잦은 화재로 인한 리스크 증가가 가장 큰 원인이라 볼 수 있다. 화재가 발생하면 목표했던 사업 수익 달성이 어려운 것은 물론이고, 사업 인근 지역과 인명에 대한 2차, 3차 피해도 발생할 수 있기 때문이다. 또한 화재 발생 시 명확한 원인 규명이 어려워 ESS 시스템을 공급하는 사업자 간 분쟁이 지속되고, 사고를 대비하기 위한 보험도 가입하기 어려워지는 2중, 3중고를 겪게 되었다.

재생에너지 사업과 연계된 ESS 설치가 급격히 증가하던 2018년부터 정부 지원이 종료된 2020년까지 약 22건의 화재 사고가 발생하였다. 이는 피크 제어 ESS 4건, 주파수 조정용 ESS 2건 대비 많게는 10배가 넘는 비율이다. 당시 정부에서는 ESS 사고원인 조사 결과 및 안정성 강화 대책을 발표하며 시장의 우려를 해소하려고 했으나, 대책 발표 이후에도 화재가 지속 발생(2021년 2건, 2022년 8건)하면서 ESS 화재에 대한 근본적인 문제 해결이 되지 않았다는 논란이 지속되고 있다.

현재 이러한 어려움을 극복하려면 ESS 전체 시스템에 대한 신뢰성과 안전을 확보해야만 가능하다. 국내 ESS 시장을 활성화하려면 우선 화재에 대한 우려를 해소하고, 신기술 개발과 신규 사업자를 유치하기 위한 수익 모델을 다양화하는 것이 필요하다. 정부에서는 2023년 1월 ESS 산업 육성 방안을 마련하고자 TF를 구성하고, 상반기 내 ESS 산업의 발전전략을 수립하고자 하는 계획을 진행 중에 있다. 10차 전력수급기본계획을 통해 유연하고 강건하며, 안정적인 전력망 구축의 필요성을 언급하며, 2036년까지 26GW의 ESS 설치를 위해 최대 45.4조 원을 투자할 계획을 준비 중이다.

ESS는 기존의 전력 시스템인 생산-소비의 개념을 생산-저장-소비로 바꾸고 있다. 즉, ESS에 대규모로 전력을 저장한다면 마치 하나의 발전소처럼 기능을 수행하게 되는 것이다. 에너지를 생산하고 소비했던 시대에서 이제는 에너지를 저장하고 필요할 때 꺼내 쓰는 시대로 전환하고 있는 것이다. 이는 어렵게 생산된 에너지가 쉽게 버려지는 일 없이 효율적으로 사용될 수 있음을 의미한다. 국가의 전력 총생산량에서 재생에너지의 비율이 늘어갈수록, 전력 수급 안정과 효율적 사용을 위해 ESS 산업을 육성하는 것이 반드시 필요하다. 국내도 ESS 시장의 어려움을 극복하기 위한 전략 수립과 투자 확대를 통해 글로벌 수준의 경쟁력을 갖출 수 있기를 기대해본다.

재생에너지 연계 산업 2
: VPP

VPP-재생에너지와 ESS를 활용한
새로운 사업모델

재생에너지 발전소가 증가하고 전력 계통 안정화를 위한 ESS 설치가 증가하면서, ESS를 효율적으로 운영하기 위한 전력관리시스템의 중요성이 커지고 있다. 또한 ESS를 제어하여 전기료를 절감하고 ESS에 충전된 전기를 전력 가격이 비쌀 때 판매해 시세차익을 달성하는 등 재생에너지 발전소와 ESS를 활용한 새로운 사업모델이 부각되고 있다.

재생에너지 발전소 및 연계된 ESS는 주로 여러 지역에 중소규모로 분산되어 있기 때문에, 이러한 거리의 제약을 넘어서 원격으로 통합 관리할 수 있는 기술이 필요하다. 이렇게 여러 곳에 산재해 있는 발전원들을 원격으로 제어하는 것이 VPP(Virtual Power Plant, 가상발전소)다. VPP는 넓은 의미에서 물리적으로 분산되어 있는 발전원들을 모니터링 및 제어가 가능하게 만들어, 하나의 거대한 발전소처럼 운영하는 기술을 의미한다.

| 〈그림1. VPP 개념도〉

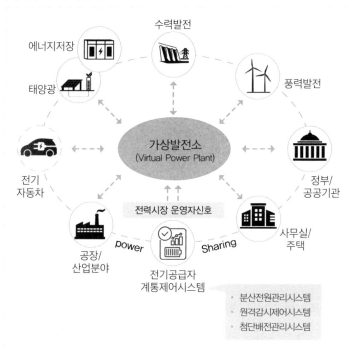

〈출처 : 한국전기연구원〉

상기 VPP 개념도를 보면 언뜻 복잡해 보이지만, 원리는 매우 간단하다. 우선 다양하게 분산되어 있는 발전원들의 전력 공급량과 소비량을 실시간으로 예측하고 측정하여, 결과를 전기공급자 계통제어시스템에 전송한다. 해당 시스템은 고도화된 인공지능 프로그램을 통해 결과를 분석하여, 적절한 발전량과 공급 경로를 설정해 발전소를 가동하여 전력을 공급한다.

예를 들어 A라는 공장이 태양광 발전소와 ESS를 통해 100% 운영되고 있는데, 해당 지역에 장기간 비가 내려 전력이 모자라게 되면, 인근 지역의 풍력 발전소나 타 공장의 남는 전력을 A공장에 공급해주는 것이다. 화력발전은 정부와 발전사업자들이 직접 전력 공급량을 통제하면서 유지할 수 있지만, 재생에너지는 기후조건에 따라 전력 생산량이 급변할 수 있기 때문에 재생에너지 발전량이 증가할수록 전력 시스템을 효율적으로 운영할 VPP가 꼭 필요하다.

최근에는 전기차가 움직이는 ESS 개념으로 VPP의 한 축을 담당하고 있다. 전기차 배터리에 저장된 전력을 거래하는 V2G(Vehicle to Grid)가 VPP 영역에 들어오면서, 전기차 보급의 확대와 함께 VPP 시장도 빠른 성장이 예상된다. 대표적인 전기차 기업인 미국의 테슬라는 ESS를 활용해 전력을 거래하는 시스템을 이미 고도화 중이고, 전기차에도 조만간 전력 거래 시스템을 도입할 계획이다. 독일의 폭스바겐은 V2G 서비스를 개발해 2022년부터 제공하고 있다.

전기차는 주로 저녁 시간에 충천하고 낮 시간에 운행 혹은 주차장에 정차해 있어, 전력을 소모하지 않는 시간에 전력 공급이 가능하다. 전기차를 활용한 새로운 전력 공급 시스템을 구성하고 운영하기 위해선 VPP 기술이 소비자의 전력 사용 패턴과 이에 따른 전력 가격 예측을 정확하게 할 수 있어야 한다. VPP 기술의 발전에 따라 일반인도 누구나 전기차를 통해 전력 거래와 수익을 창출할 수 있는 시대가 오고 있는 것이다.

글로벌 VPP
시장 현황

글로벌 VPP 시장은 재생에너지 발전량 비중이 높은 국가를 중심으로 성장하고 있다. 재생에너지를 활용한 발전량이 일정 수준 이상 확보돼야 하고, ESS도 이에 맞춰 공급이 이뤄져야 안정적으로 전력을 공급할 수 있기 때문이다. 현재 독일, 호주, 미국 등 가상발전소 시장을 이끌어가고 있는 국가는 대부분 전체 전력 생산량 중 재생에너지 발전량 비중이 20% 이상을 달성하고 있다. 시장의 성숙도를 기준으로 봤을 때 VPP는 아직 도입 단계의 시장이긴 하지만, 세계 각국이 설정하고 있는 탄소중립 계획과 글로벌 주요 기업들의 RE100 이행 계획을 감안하면 VPP 시장도 2030년 내 성장 산업 단계로 진입할 것이 거의 확실하다.

현재 VPP 시장이 가장 활성화된 국가는 독일이다. 독일의 대표적인 VPP 기업인 넥스트 크라프트베르케(Next Kraftwerke)는 세계에서 가장 큰 규모의 가상발전소를 운영 중에 있다. 태양광, 풍력, 수력 등 20MW 이하 규모의 재생에너지 발전소를 모집해 VPP

를 구축했다. 이 기업은 유럽의 주요국뿐 아니라 일본에 있는 발전원까지 포함하여 약 12GW 규모의 VPP를 운영하고 있다. 2022년 기준, 우리나라의 전체 재생에너지 설비가 약 27GW인 것을 감안하면 VPP로 얼마나 큰 규모인지 비교해볼 수 있다.

호주도 독일에 못지않게 VPP에 대한 투자를 확대하고 있다. 호주는 특히 글로벌 유수 기업들과 협업하며 VPP 시장의 테스트 베드 역할을 하고 있다. 미국의 테슬라와는 2018년부터 함께하며 남호주에 8억 달러의 투자를 유치해 5만 호의 주택에 태양광 발전소와 가정용 ESS, 스마트미터 시스템을 설치하고 이를 소프트웨어로 통합하는 체계를 갖추었다. 우리나라의 한화 그룹도 호주 빅토리아 주정부가 추진하는 VPP 시범사업에 참여하여 자사의 기술과 플랫폼을 알리고 있다.

미국 VPP 시장은 대표적인 종합에너지 기업인 테슬라가 전기차를 비롯해 태양광 모듈, ESS 등을 판매하고 있어 향후 테슬라의 사업구조와 실적 예상치를 등을 통해 미래의 VPP 시 성장세를 예측해볼 수 있을 것이다. 테슬라는 자체적으로 태양광 모듈과 ESS를 판매하는 에너지 사업부가 전기차만큼 커질 것으로 전망한다. 실제 탄소중립을 위한 재생에너지 시설 확대와 정부의 정책 지원으로 에너지 사업부의 실적이 급증하고 있다. 특히 지난 텍사스 한파에 따른 대규모 정전사태 이후 자국 내 에너지 독립 수요가 가파

르게 증가하고 있어, VPP 시장 확대에 따른 테슬라의 에너지 사업은 더욱 빠르게 성장할 것으로 예상된다.

테슬라는 현재 오토비더(Autobidder)라는 프로그램을 기반으로 VPP 사업을 영위하고 있다. 전력 가격을 예측하여 가격이 저렴할 때 ESS에 저장하고 비쌀 때 파는 것이다. 이는 전기차 배터리에도 동일하게 적용되어, 전기차 사업의 확대와 함께 VPP 사업도 동반 성장할 것으로 예측된다. 글로벌 리서치 기관들은 향후 VPP 시장이 전기차 시장 규모로 성장할 것이란 전망을 내놓고 있다. 테슬라의 전기차와 에너지 사업부가 향후 어떻게 시너지를 창출하며 시장을 이끌어 갈지 귀추가 주목된다.

국내 VPP 시장 현황 및 활성화 방안

선진국들의 VPP 확대 흐름에도 불구하고 국내에는 아직 VPP 시장이 거의 전무한 상황이다. 우리나라는 재생에너지 발전 비율이 선진국 대비 상대적으로 부족해 VPP를 새로운 성장 산업으로 만들어가기 어려운 한계에 봉착해 있다. 하지만 탄소중립, RE100 이행 등을 위해 재생에너지 확대를 기반으로 한 VPP 산업의 성장은 필수적인 과제라 볼 수 있다.

재생에너지 발전 비율 외 우리나라의 VPP 시장이 활성화되지 못하고 있는 이유를 살펴보면, 우선 VPP 참여 가능 대상인 1MW

이하 소규모 재생에너지 발전설비를 보유한 사업자가, 한국전력과의 PPA 계약을 선호한다는 문제가 있다. VPP의 경우 아직은 전력 거래 절차 등이 한국전력과의 PPA 계약 대비 복잡하고, VPP 참여를 위해서는 별도의 계량기 설치와 VPP 중개업자와의 중개수수료 등의 추가 비용이 발생해 참여 요인이 높지 않다.

특히 VPP 시장 참여 시 계량기 추가 비용이 400만 원 발생하여, 한국전력과의 PPA 계약 시 드는 계량기 비용(약 24만 원) 대비 차이가 매우 크다. 일부 VPP 중개 업체에서 계량기 비용 등을 지원해주는 마케팅을 전개하고 있지만, 전체 시장의 성장을 고려할 때에는 명백한 한계가 존재한다. 재생에너지 사업자가 VPP 시장에 참여하는 목적이 PPA 계약보다 더 많은 수익을 얻기 위함인 것을 감안하면, 초기 투자 비용을 절감할 수 있는 정책적 지원과 업계의 노력이 함께 필요하다.

다음으로, VPP 중개사업자의 수익성이 생각보다 높지 않다는 것이 시장의 활성화를 더디게 하는 또 다른 요인이다. 중개사업자의 수익은 크게 중개수수료, 발전량 예측 정산금 두 가지 영역에 대부분 한정되어 있다. 발전량 예측은 정부가 2020년 10월에 도입한 재생에너지 발전량 예측 제도에 따른 사업모델로, 20MW 규모 이상의 태양광, 풍력 사업 혹은 1MW 이하 태양광, 풍력 자원을 20MW 이상 모집한 사업자를 대상으로 하고 있다. 정산 기준은 시간대별 발전소의 이용률이 10% 이상이어야 하고, 예측한 발전소의 시간대별 발전량의 예측 오차율이 8% 이하일 경우 3원/kWh, 6% 이하일 경우 4원/kWh의 인센티브를 지급받는다.

하지만 이러한 사업 모델에도 불구하고, VPP 사업 운영 시 반드시 필요한 고정비용(인건비, 시스템 구축 및 유지 비용 등)의 부담이 아직까지는 더 크다는 문제가 지속되고 있다. 고정비용은 말 그대로 사업 자체를 운영하는 데 고정적으로 발생하는 비용이고, 사업의 수익은 재생에너지 자원을 지속적으로 확보하고 늘려가야만 발생 가능하기 때문이다. 결국 국내 재생에너지 발전소가 늘어나고 전력 사용 비율이 선진국과 같이 확대되지 않으면 VPP 시장이 자리 잡는 것은 어렵다고 볼 수 있다.

국내 VPP 시장의 활성화를 위해선 결국 재생에너지 사업의 확장과 더불어 정부의 지원이 필요하다. 정부는 중개사업자가 수익원을 다양화할 수 있는 사업모델을 지원하고 VPP가 국가 전력망의 효율적 운영에 기여할 수 있도록 제도를 개선해줘야 한다. 좀 더 많은 VPP 자원을 확보할 수 있도록 우선 1MW 이하로 제한된 VPP 모집 용량 기준을 완화할 필요가 있다. 해외의 주요 VPP 기업들이 1MW 이상 다양한 규모의 재생에너지 발전소를 모집하여 VPP 생태계를 구축하고 있는 것을 참고하여 우리나라에도 적용할 필요가 있다. 또한 태양광, ESS, 전기차만 참여하는 소규모 전력중

개시장에 풍력 등 다른 재생에너지 발전소의 참여를 독려하기 위한 지원도 필요하다.

정부의 지원에 맞춰 중개사업자의 기술 개발과 사업모델 개선도 당연히 지속되어야 한다. VPP 제어 및 운영 기술에 대한 검증 및 상용화를 이루고 고도화 작업도 서둘러야 한다. 필요하다면 정부와의 협업을 통해 표준화된 기술을 만드는 것도 하나의 대안이 될 것이다.

아직은 글로벌 기준 대비 열악한 시장환경이지만, VPP를 활성화하기 위한 젊고 유능한 기업들이 많은 도전과 노력을 기울이고 있다. 이들이 재생에너지 업계를 이끄는 리더로 성장하길 희망하며, 다시 한번 정부의 VPP 산업 육성을 위한 지원이 조속히 이뤄지길 기대한다.

재생에너지 연계 산업 3
: 그린 수소

탄소중립을 위한 재생에너지의 동반자
그린 수소

글로벌 탄소중립을 위해 재생에너지와 더불어 커다란 역할이 기대되는 분야는 바로 수소 산업이다. 수소는 재생에너지가 가진 간헐성이란 단점을 보완해줄 수 있는 또 다른 무탄소 에너지원으로, 탄소제로 시대를 달성하기 위한 세계 각국의 신성장 동력으로 자리매김하고 하고 있다. 특히 유럽 및 북미 국가들은 태양광과 배터리 분야의 주도권을 중국에 넘겨준 이후 이를 만회할 대안으로 수소에 집중하고 있어, 글로벌 수소 경제를 선점하기 위한 치열한 경쟁이 벌어지고 있다.

우리나라도 정부의 수소 경제 달성 목표 수립과 대기업의 수소 분야 신사업 진출 선언을 필두로, 세계 수소 시장을 선점하기 위해 각고의 노력을 기울이고 있다. 2023년 3월에 발표된 "제1차 국가 탄소중립 녹색성장 전략 및 기본계획안"에 따르면, 수소 경제 전주기 생태계 구축으로 청정 수소 선도국가로 도약하겠다는 방향을 설정하였다. 그중에서도 수소의 생산을 재생에너지와 같은 무탄소 에너지원을 활용하는 그린 수소를 기반으로 하고, 그린 수소를 원료로 한 수소발전의 비중을 2036년까지 7.1% 달성하는 목표를 수립하였다. 국내 대기업인 SK, 포스코, 현대자동차, 한화 등 17개 사가 모여 설립한 수소 관련 민간 협의체 '코리아 H2 비즈니스 써밋'은 2022년 6월 5,000억 원 규모의 펀드를 조성해 본격적인 투자를 시작한다고 발표하였다. 이 펀드는 주로 국내외 수소 생산·유통··저장 인프라를 구축하고 관련 핵심 기술을 개발하는 데 사용될 예정이다.

탄소중립과 경제성을 확보하기 위한 수소 생산 방법

전 세계적으로 수소 시장에 대한 관심과 열기가 매우 높은 것이 사실이지만, 수소의 생산단가 및 기술적인 이슈로 인해 수소 경제에 대한 회의적인 시각이 있는 것도 아직은 엄연한 현실이다. 수소는 단독으로 존재하지 않고, 산소와 탄소 등과 결합한 화합물 형태로만 존재하기에 수소를 에너지원으로 활용하기 위해서는 화합물로부터 수소를 분리하는 작업이 필요하다. 이러한 과정에서 많은 에너지가 필요하고, 일부 환경 오염이 발생하기도 한다.

이러한 단점을 극복하면서 탄소중립과 경제성 확보라는 목표를 동시에 달성하기 위해선 생산 방식에 대한 많은 분석과 기술 개발이 필요하다. 현재까지 수소를 생산하는 방식은 크게 3가지로 그레이, 블루, 그린 수소로 구분된다.

① 그레이(Gray) 수소

그레이 수소는 석탄 혹은 천연가스를 활용하여 수소를 생산하는 가장 일반적인 방법이다. 수소와 일산화탄소로 구성된 합성가스를 생산하기 위해 천연가스와 석탄을 원료로 사용하고, 생산된 합성가스는 물과 반응하여 수소와 이산화탄소를 생성한다. 그레이 수소는 생산원가가 저렴하고 대량생산이 가능한 장점을 보유하나, 이산화탄소가 다량 발생하게 된다.

② 블루(Blue) 수소

블루 수소는 그레이 수소 생산과정에서 발생하는 탄소를 포집하여 탄소 발생량을 90%까지 줄인 수소를 칭한다. 이렇게 포집된 탄소는 산업 원료로 재사용되기도 되기 전에 주로 저장되는데 저장 비용이 아직 비싸 경제성 측면에서 문제가 되고 있다.

③ 그린(Green) 수소

마지막으로 그린 수소는 재생에너지로 생산된 전력을 활용해, 물을 전기 분해하여 생산한 수소이다. 그린 수소는 그동안 재생에너지를 활용해야만 인정받았으나, 2023년 3월 유럽의회 산업연구에너지위원회가 원전으로 생산한 수소도 재생에너지로 생산한 수소와 동등하게 취급하기로 합의하였다. 물론 독일을 비롯한 일부 국가에서 여전히 원전으로 생산한 수소를 청정 수소로 인정하지 않는 등 반대의 목소리도 있지만, 전 세계적으로 원전을 청정 수소 생산의 주요 동력원으로 점차 인정해 가는 분위기가 형성되고 있다.

수소의 생산 방식에 있어서 탄소중립이라는 목표를 달성하려면 당연히 태양광이나 풍력 등 재생에너지로 물을 분해하여 생산하는 그린 수소의 공급을 늘려야만 한다. 하지만 아직은 그린수소의 생산단가가 그레이 수소 대비 1.5배 이상 높아 경제성 측면에서 해결해야 할 과제가 남아있다. 현재 그린 수소의 생산단가는 약 5달러/kg 수준이다. 이 중 재생에너지 발전단가와 수전해 설비비가 가장 높은 비중을 차지하고 있어, 이 두 가지 비용에 대한 경쟁력 확보가 급선무라 하겠다.

유럽과 미국은 재생에너지 발전의 높은 이용률로 인해 재생에너지의 생산단가가 화력 발전보다 오히려 저렴해지는 등 그린 수소의 생산 비용을 낮출 수 있는 환경이 조성되고 있다. 향후 수전해 기술의 발전과 대규모 생산을 통한 규모의 경제를 이룬다면 생산비용이 상당이 줄어들 것으로 예상된다. 글로벌 전문 분석 기관에 따르면 2030년까지 그레이 수소 생산단가와 동일한 수준에 이르고, 2050년에는 오히려 절반 정도 저렴해지는 수준까지 낮아질 것으로 전망하고 있다.

글로벌 그린 수소
시장 현황

수소 경제를 선점하기 위한 세계 각국의 뜨거운 경쟁 속에, 전세계 그린 수소 시장은 2020년 약 7만 톤에서, 2026년에는 172만 톤으로 크게 늘어날 것으로 전망되고 있다. 또한 국제에너지기구(IEA)에 따르면, 세계 수전해 설비규모가 2030년까지 850GW, 2050년까지는 3,600GW로 확대될 것으로 예상된다.

현재 그린 수소 시장을 이끌고 있는 지역은 바로 유럽이다. 2020년 유럽연합 집행위원회는 2024년까지 6GW의 수전해 시설을 구축하여 100만 톤의 그린 수소를 생산하고, 2030년까지 40GW의 수전해 시설로부터 1,000만 톤에 이르는 대규모 그린 수소 생산을 달성하겠다는 목표를 수립하였다. 특히 영국과 독일은 40%가 넘는 재생에너지 발전 비율을 바탕으로 그린 수소 생산을 늘려가고 있다. 영국은 부유식 해상풍력 발전에서 생산된 전력을 활용하여 해수를 담수화하고, 이를 다시 수전해하여 수소를 생산하는 사업과 해상풍력 단지 내 수소 생산 설비를 확장하고 있다. 독일은 2030년까지 5GW급 수전해 설비를 구축하고, 자국뿐만 아니라 아프리카 등 타 지역에도 투자하여 해당 국가의 재생에너지로 생산된 그린 수소를 안정적으로 공급 받을 계획이다.

아시아에서는 일본과 호주가 그린 수소 시장을 선도하고 있다. 일본은 2010년대부터 아시아에서 가장 먼저 수소에너지를 국가의 성장 동력으로 지정하고 수소 산업에 대한 개발 및 지원을 체계적으로 진행하고 있다. 그린 수소의 생산을 위해 민관이 적극적으로 협력하여 그린 수소의 상용화를 위한 연구를 후쿠시마에서 진행 중이며, 2020년에는 10MW급 수전해 설비를 보유한 후쿠시마 수소에너지 연구 필드가 설립되어 본격적으로 청정 수소 기술을 개발하고 있다.

호주는 세계 3위의 화석 연료 수출국이면서 동시에 재생에너지 생산에 관한 최적의 조건을 갖춘 국가로, 블루 수소와 그린 수소에 많은 투자를 진행하고 있다. 특히 재생에너지와 연계한 ESS 및 VPP 시장에서 앞서가며, 풍력과 태양광을 활용한 그린 수소 생산 기반이 잘 마련되어 있는 것으로 평가받고 있다. 호주 내 전체 면적의 3%에 불과하지만 국가 GDP의 25% 이상을 차지하고 있는 빅토리아주의 경우, 재생에너지 사용 비율을 현재 20%대에서 2030년까지 50%대로 확대하면서 이와 연계한 그린 수소 산업 시설에 적극 투자할 계획이다. 이러한 계획을 바탕으로 호주 정부는 2030년까지 약 50만 톤의 수소를 한국, 싱가포르 등 아시아에 수출할 수 있을 것으로 기대하고 있다.

국내 시장 현황 및 개선 사항

국내 그린 수소 시장은 아직 낮은 재생에너지 발전 비율에 따라 성장세가 더딘 편이다. 국내에서 그린 수소를 생산한 첫 사례가 2020년 제주 풍력단지의 잉여 전력을 활용하여 500kW급 규모의 수소를 생산한 것일 정도로 글로벌 대비 아직은 경쟁력이 낮다고 할 수 있다.

우리나라는 2017년 250kW급 수전해 실증을 제주에서 시작하였으며, 1MW급(울산), 2MW급(나주), 3MW급(제주) 그리고 2022년 9월, 제주도에서 12.5MW급의 대규모 그린 수소 실증사업에 착수한다고 발표하였다. 이번 실증사업은 620억을 투자해 현존하는 수전해 기술을 모두 다 적용해보고, 가동률 60% 기준으로 연간 1,176톤의 그린 수소 생산을 목표로 하였다. 생산된 수소는 생산 단지와 연계된 수소 충전소를 통해 제주시 청소차와 시내버스 등에 공급된다. 이와 더불어 제주도는 '제주 그린 수소 글로벌 허브 구축 계획'을 발표하고 제주도가 탄소중립실천을 위한 그린 수소 선도 지역이 되겠다는 비전을 제시하였다. 정부에서는 이러한 기술 상용화를 진행하여 2030년까지 25만 톤, 2050년까지는 300만 톤을 국내에서 생산할 계획이다. 정부에서 준비한 실증 사업이 성공적으로 추진되어, 적어도 아시아에서는 그린 수소 산업에서 뒤처지지 않는 경쟁력을 갖추게되길 기대한다.

앞서도 언급했듯이 그린 수소 생산단가에서 가장 많은 부분을 차지하는 것이 수전해를 위해 사용되는 전력비용이다. 즉, 재생에너지를 활용한 전력 생산 가격이 하락해야지만 정부와 기업이 목표하는 그린 수소의 생산과 사용을 통해 탄소중립 이행이 가능하다. 반면 국내 재생에너지 사업은 낮은 발전효율과 민원 등으로 인한 장기 지연 때문에 전력 생산 단가가 글로벌 기준 대비 높은 편이고, 이에 따라 아직 정부의 지원이 절대적으로 필요한 상태이다. 재생에너지 사업이 자체적으로 더 높은 수익성과 원가 경쟁력을 확보해야만 앞서 살펴본 ESS, VPP, 그린 수소 등 미래 에너지 산업에서도 글로벌 경쟁력을 갖춰나갈 수 있는 것이다.

국내 재생에너지 사업의 경쟁력을 확보하기 위해서는 정부의 지속적인 관심과 지원을 기본으로 탄소중립을 실천해야 하는 기업과 국민도 재생에너지 사업에 대한 높은 관심과 이해가 필요하다. 정부는 사업의 인허가 기간을 단축할 수 있도록 지원하고, 재생에너지 사업자와 지역 사회는 탄소중립이라는 대의를 기반으로 함께 성공할 수 있는 상생의 모델을 만들어가야 한다. 이어지는 글에서는 재생에너지 사업이 진행되는 과정과 수익구조, 지역 사회와 함께하는 상생의 방법 등에 대해 전반적으로 살펴보도록 하겠다.

3장

재생에너지
사업개발
5단계 프로세스

재생에너지 사업 밸류체인 및
개발 프로세스

재생에너지 사업도
수익 창출이 중요하다

앞에서 살펴봤듯, 재생에너지 사업은 탄소중립 경제를 위해 핵심적인 역할을 하고 있다. 또한 연계 사업의 시장 확대와 국내 기업의 RE100 달성을 위한 수단으로서도 중요한 의미를 가진다. 하지만 수익을 창출해야 하는 비즈니스의 관점으로 바라보는 것 또한 재생에너지 산업의 지속 성장을 위해 꼭 필요하다. 사업의 본질은 수익을 만들어내고 이를 통해 고용을 창출하며 구성원들과 함께 목표를 달성해가는 것이기 때문이다. 특히 신규 사업으로 재생에너지에 투자하는 기업이 늘어나고 이들이 RE100 목표를 달성하기 위해서는 수익이 중요한 기준이 될 것이다.

따라서 이번 장에서는 재생에너지 사업의 전반적인 과정이 어떻게 진행되고 수익이 창출되는지 알아보도록 하겠다. 국내 재생에너지 산업은 2012년 도입된 RPS 제도를 통해 일정 규모(500MW) 이상의 발전소를 운영하는 회사가 의무적으로 재생에너지 사업을 해야 하는 환경에서 성장해왔다. 즉, 재생에너지 사업은 수익 사업 보다는 의무 사업의 성격으로 그동안 시장에 인식되어왔다.

RPS 의무 대상 기업이 재생에너지를 활용한 일정 비율의 전력 생산을 이행하지 못하면 과징금을 부과받게 된다. 특히 정부의 관리 감독을 받는 공기업의 경우 과징금을 부과받지 않기 위해 수익이 낮아도 재생에너지 산업을 육성해야 한다는 정성적인 의미를 부각하여 사업을 진행하는 경우도 발생했다. 또한 상대적으로 인허가가 조금 더 수월하고 공사 기간이 짧은 태양광 위주로 사업을 하게 되어 시장의 역량이 한쪽으로 편중되는 현상도 만들어지게 됐다.

수익이 낮아도 추진되는 사업은 함께 사업에 참여하는 기업의 실적에도 영향을 미치게 된다. 수익을 조금이라도 개선하기 위해 건설과 금융을 공급하는 기업에도 공급가격과 각종 비용을 절감해달라고 요구하기 때문이다. 실제 2010년대 중반 이후 재생에너지 관련 사업을 새로운 수익원으로 추진하던 기업들이 사업을 포기하는 경우가 적지 않게 발생하였다. 국내 중공업 기업들이 추진하던 풍력 발전기 사업은 대부분 좌초되었고, 재생에너지 사업을 개발하는 조직은 다른 에너지원을 담당하는 부서로 개편되기도 했다. RPS 제도는 정부 주도로 시장을 리딩하여 재생에너지 산업을 단기간에 확대하는 데 많은 기여를 하였다. 하지만 시장에 더 다양한 분야의 기업이 지속적으로 참여하고 수익을 창출하는 데 있어서는 어느 정도 한계가 있었던 것을 부정할 수 없다.

현재는 지난 10년간의 기술 진보와 추가적인 정책적 지원, 시행착오 과정을 통해 얻은 사업 노하우가 축적되며 재생에너지 사업의 수익 또한 많이 개선되고 있다. 또한 태양광 위주에서 풍력 사업으로 시장이 확대되어가고 있어 앞으로 국내외 더 많은 기업들이 시장에 참여하는 모습이 기대된다. 그렇다면 재생에너지 사업의 수익은 어떤 과정을 거쳐 창출되는 것일까. 이제부터 본격적으로 그 과정을 살펴보도록 하자.

밸류체인에 대한 이해와 분석이 필요하다

재생에너지 사업의 수익 목표를 달성하기 위해서는 재생에너지 발전소가 만들어지고 전력이 생산되는 전체 과정에 대한 이해가 선행되어야 한다. 사업을 이해한다는 것은 해당 사업이 가진 밸류체인(value chain)을 이해한다는 것과 같은 말이다. 밸류체인, 즉 가치사슬이란 기업이 제품이나 서비스를 만들어 고객에게 제공하기 위해 진행하는 모든 활동을 의미한다. 이 일련의 활동에서 부가가치가 생성되기 때문에 이런 이름이 붙었다.

이러한 밸류체인을 분석하고 이해하는 것은 사업이 진행되는 단계(활동)별로 가치가 부가될 수 있는 영역과 발생 가능한 리스크를 파악하기 위함이다. 즉, 부가가치는 최대치로 만들고 예상되는 리스크는 최소화하는 것이다. 이를 통해 사업 전반의 효율성과 경쟁력을 극대화할 수 있다. 각 단계별 가치사슬이 단단하게 연결되고 시너지 창출을 통해 최종 결과물이 만들어져야만 목표를 넘어서는 수익 창출이 가능하다.

재생에너지 발전 사업의 3단계 밸류체인

밸류체인 개념을 바탕으로 재생에너지 발전 사업의 부가가치 생성 과정을 도식화하면 다음과 같다. 재생에너지 사업의 밸류체인은 크게 "① 사업개발(금융 조달 포함) → ② EPC(Engineering, Procurement & Construction: 발전소 설계, 기자재 구매 및 공사) → ③ O&M(Operation & Maintenance: 발전소 운영 및 관리)"의 3단계로 구분된다.

〈재생에너지 발전 사업의 3단계 밸류체인〉

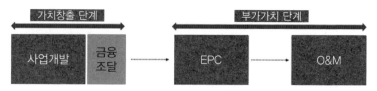

- **가치창출 단계 :** 사업의 정량적, 정성적 목표를 기획하고 실행하는 단계
- **부가가치 단계 :** 목표를 넘어서는 부가가치 활동이 일어나는 단

계로 계획대비 건설(준공) 일정이 줄어들거나, 효율적인 운영을 통해 더 많은 수익을 창출하는 것

첫 번째 단계인 사업개발은 사업의 전체적인 구조를 잡고 목표하는 수익을 달성하기 위한 계획을 수립, 실행하는 과정이다. 우리가 초등학교 미술 시간에 만들었던 철사와 찰흙을 이용한 작품을 떠올려보기 바란다. 철사로 원하는 모형을 만들고 본격적으로 찰흙을 활용하기 전까지의 모든 준비 과정을 재생에너지 발전 사업의 사업개발 단계로 이해하면 된다.

사업개발 단계에서는 사업의 핵심 사항을 모두 결정하고 최종 목표하는 수익을 창출하기 위한 준비 작업을 완료하게 된다. 이 과정에서 함께 사업을 진행할 파트너를 결정하고 조건을 협의하며 발전소가 들어설 지역의 모든 이해 관계자와 사업에서 예상되는 환경적 요인, 지역 경제 효과 등을 공유하고 논의한다. 실제 재생에너지 사업을 진행하면서 가장 많은 시간이 소요되고 어려움을 겪는 과정이 지역 사회와의 갈등 해소, 이익 공유 조건을 협의하는 부분이다. 계획한 사업 일정 내 발전소 운영을 시작하고 목표한 수익을 달성하려면 사업개발 초기부터 지역 사회와의 소통을 꾸준히 하는 게 매우 중요하다.

두 번째로 EPC(설계-구매-공사) 단계는 앞서 설명한 철사로 만든 모형에 본격적으로 찰흙을 입히고 단단하게 굳혀서 형태를 완성

하는 과정이라 할 수 있다. 여기서는 사업개발 단계에서 확정된 투자비에 맞춰 계획된 일정까지 발전소 공사를 완료하는 것이 핵심이다. 공사가 지연되어 발전소 운영 시점이 늦어지고 이에 따라 투자비 또한 늘어나면 결코 원하는 수익을 달성할 수 없게 된다. 특히 해상풍력과 같이 장기간 바다에서 공사가 진행되는 사업일수록 EPC를 담당하게 될 파트너의 역량과 신뢰가 필수 요소다.

마지막으로 O&M(운영관리) 단계는 단단히 굳은 찰흙에 색을 칠하고 장식하여 목표했던 완벽한 작품을 타인에게 선보이는 과정이다. 또한 완성된 작품이 파손되지 않게 지속 관리해주는 것도 포함된다. 발전소 공사가 완성되었다면 이제 계획했던 발전소 규모와 성능에 따라 전력을 생산하여 공급한다. 여기서 중요한 것이 발전소가 운영되는 기간 동안 최대한 고장 없이 중단되지 않고 전력을 생산하는 것이다. 전력 생산량을 최대치로 하여 목표한 수익을 더 늘려 가는 것이 마지막 운영관리 단계의 핵심이다.

재생에너지 사업
개발 프로세스

앞서 살펴본 것처럼 재생에너지 사업의 밸류체인에서 사업 개발 단계는 대부분의 가치를 창출하는 가장 중요한 과정임을 알 수 있다. 사업 개발 단계를 밟았다면, 이제 사업 개발 프로세스에 대한 이해가 필요하다. 재생에너지 사업의 핵심인 사업개발 프로세스는 다음과 같다.

| 〈재생에너지 사업 개발 프로세스〉

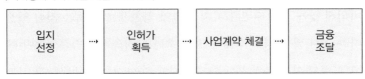

　　발전소가 위치할 입지를 선정하는 것에서부터 실제 사업을 진행하기 위한 인허가 획득, 건설과 운영관리를 위한 파트너와의 계약 체결, 마지막으로 작게는 억 단위에서 크게는 조 단위까지 필요한 투자비를 마련하기 위해 금융기관과 약정을 체결하는 것까지가 사업개발 과정이다. 앞서 언급한 지역사회 및 해당 발전소 인근 주민과의 지속적인 소통은 인허가를 획득하는 단계에서 꾸준히 함께 진행된다.

　　재생에너지 사업은 햇빛과 바람 등 자연환경에 큰 영향을 받기에 최적의 입지를 결정하는 것이 곧 전력 생산량을 결정한다고 볼 수 있다. 햇빛과 바람 자원을 분석하고, 사업을 진행하는 데 문제가 될 사항이 없는지 체크하는 것이 입지 선정 단계에서 해야 할 주요 활동이다.

　　다음으로 발전 사업을 영위하고, 실제 공사를 하기 위한 인허가를 획득하는 것은 사업개발 과정에서 가장 오래 걸리고 많은 난관에 봉착하게 되는 과정이기도 하다. 중앙정부 부처와의 협의를 기본으로 발전소가 들어설 지자체, 지역 주민과 사업 추진에 대한 조건이 최종 협의되어야만 문제 없이 인허가를 획득할 수 있다. 재생에너지 사업이 활성화되기 전에는 인허가 관련 정책이 제대로 준비되지 않아 지역 주민과의 소통 없이 인허가를 받기도 했다. 이에 따라 공사 및 운영 과정에서 지역 주민과 지속적인 마찰이 일어나고 소송 등의 법률적 문제를 해결해야 하는 상황이 빈번하게 일어났다. 현재는 발전소 인근 주민과의 소통 과정이 중앙정부 및 지자체 인허가 과정에 의무 사항으로 반영되고 있어 사업자와 정부, 지역사회가 처음부터 함께 사업을 기획하고 만들어가는 형태로 점차 변화하고 있다.

재생에너지 사업 추진 시 체결해야 하는 주요 사업 계약으로는 건설과 운영관리를 책임질 파트너와의 계약과 생산된 전력을 판매하고 수익을 달성하기 위한 계약 등이 있다. 또한 건설 및 운영 과정에서 발생할 수 있는 사건, 사고를 대비하기 위한 보험 계약도 중요한 계약 중 하나이다.

마지막으로 금융 조달은 사업자가 투자하는 자기자본을 제외하고 나머지 투자금액을 금융기관으로부터 자본 혹은 대출의 형태로 조달하는 것을 의미한다. 재생에너지 사업과 같이 특정 프로젝트를 위해 자금을 투자, 대출하는 것을 전문용어로 '프로젝트 파이낸스(PF)'라고 한다. 이러한 금융 조달 과정까지 완료되면 사업개발 단계가 마무리되고 목표하는 사업 수익이 결정된다. 이어질 글에서는 사업개발 프로세스의 단계마다 실무가 어떻게 진행되는지 구체적으로 살펴볼 것이다.

1단계
: 입지 선정

입지 선정 전 반드시
체크해야 할 3가지

사업 개발의 첫 번째 단계는 입지 선정이다. 입지를 선정한다는 것은 사업의 계획을 마련하고 목표하는 수익을 확정하여 실제 투자를 실행한다는 것을 의미한다. 즉, 투자 가능 여부에 대한 조건을 확인하고 발생 가능한 리스크를 해결하기 위해 준비하는 과정이다.

재생에너지 사업을 추진할 입지 선정을 위해 가장 먼저 검토해야 할 사항은 발전소를 가동하는 에너지원인 햇빛, 바람 등의 조건을 확인하는 것이다. 일반적으로 재생에너지 발전소가 만들어지면 20년 이상 장기간 운영되는 것을 전제로 한다. 이에 따라 해당 지역에서 장기간 분석된 기후 조건을 체크하는 것이 선행돼야 한다.

기후 조건은 국가에서 제공하는 기상 관련 데이터를 우선 확인하고, 인근 지역에 재생에너지 사업자가 있다면 현재 운영되고 있는 발전소의 실적 데이터를 확인하는 것도 하나의 방법이다. 풍력 사업의 경우는 다른 발전원과 달리 사업을 추진할 위치에서 직접 바람 데이터를 수집하고 분석한다. 수집된 데이터는 주로 외부 전문기관에 의뢰하여 분석하고 해당 결과를 바탕으로 사업의 목표 수익을 결정한다.

다음으로 체크해야 할 사항은 발전소가 들어서는 토지 및 수면(바다, 호수, 저수지 등)의 정보를 확인하는 것이다. 예정 사업 입지의 용도, 면적, 가격 및 개발에 영향을 미칠 수 있는 규제와 허가 필요 사항을 확인해야 한다. 이와 더불어 해당 지자체에 발전소를 건설할 때 반드시 준수해야 하는 자치법규(조례 등)를 숙지해야 한다. 재생에너지 사업을 추진할 때 해당 지자체에서 제시하는 개발행위 가이드 라인을 제대로 이해하지 못하는 경우 투자 이후 사업을 제대로 추진할 수 없는 난감한 상황에 마주할 수 있다. 지자체 자치법규와 관련한 사항은 반드시 해당 지자체 담당자로부터 내용을 정확하게 확인하고 이해하는 것이 필요하다.

마지막으로 현장에 직접 방문해서 확인해야 하는 사항들이다. 재생에너지 사업을 추진하며 가장 오랜 시간 소요되는 것이 지역 주민과의 소통이다. 해당 지역에 얼마나 많은 거주민이 있는지, 재생에너지 사업에 대한 이해도와 수용 분위기가 어떠한지는 사업 예정지에 직접 방문해서 주민대표(이를테면 마을 이장, 어촌 계장 등), 지자체 담당 공무원과 면담을 해야지만 파악할 수 있다. 또한 재생에너지 사업에 중요한 부분인 계통 연계 가능성을 해당 지역 한국전력 지사를 방문하여 확인해야 한다.

지난 몇 년간 재생에너지 사업이 활성화되면서 생산된 전력을 최종 사용자에게까지 전달해야 하는 계통 설비가 부족해지고 있다. 최근 뉴스를 접하면 동해 지역에서 운영을 시작한 대형 화력발전소도 계통 연계 시스템이 제대로 구축되지 않아 계획된 만큼 전력을 생산하지 못하는 상황이다.

한국전력에서 이를 극복하기 위한 계획을 마련하고 있지만 필요한 비용 또한 적지 않아 대규모의 송배전 시스템을 빠르게 구축하는 데는 한계가 존재한다. 발전소를 개발하고 건설까지 완료하였는데, 전력을 계획만큼 생산하고 판매할 수 없게 된다면 사업자에게는 너무도 큰 리스크가 될 수밖에 없다. 사업개발부터 건설, 운영을 시작하게 될 예상 시점에 계통이 문제없이 연결될 수 있는지 지속적인 체크가 필요하다.

그럼 재생에너지 사업 중 가장 활성화되고 있는 태양광과 풍력 사업의 입지 선정 과정이 어떻게 진행되는지 좀 더 구체적으로 알아보도록 하자. 참고로 태양광은 대중적으로 가장 접근하기 용이

한 일반 부지에 설치되는 소규모 사업 기준으로 설명하겠다.

소규모 태양광 사업의
입지 선정 과정

1) 일조시간 및 일조량 확인

태양광 사업의 입지 선정 과정에서 가장 먼저 확인할 것은 발전소가 들어갈 위치를 기준으로 햇빛이 지면에 닿는 시간과 지면에 닿는 에너지양을 확인하는 것이다. 햇빛이 지면에 닿는 시간을 일조시간이라 하고, 지면에 닿는 에너지양을 일사량이라고 한다.

국내 전 지역의 일조시간 평균은 약 6시간으로 사업 예정 지역의 연평균 일조시간을 확인하면 사업지에서 예상되는 전력 생산량을 알아낼 수 있다. 일사량 데이터는 기상청과 국내 연구기관이 제공하는 공개 자료를 통해 확인 가능하다(일조시간과 일사량을 기반으로 발전량을 계산하는 과정은 '자원분석을 통한 발전량 산출 방법'에서 구체적으로 설명하겠다).

2) 입지 현황 확인

입지 현황은 발전소가 설치될 땅의 지목, 용도지역, 면적, 개별 공시지가, 행위 제한 내용 등을 확인하는 것을 의미한다. 주로 국토교통부에서 관리하는 온라인 사이트인 '토지e음'에서 토지이용계획을 열람하여 확인한다.

〈그림1. 토지e음(www.eum.go.kr) 사이트〉

3) 지자체 자치법규 확인

재생에너지 사업의 인허가를 완료하기 위해서는 각 지자체가 규정하고 있는 자치법규, 즉 도시계획 및 개발행위허가 운영 지침을 준수해야만 가능하다. 이에 따라 입지를 선정하는 과정에서 자치법규를 반드시 정확하게 확인해야만 한다. 전국 지자체의 자치법규는 법제처 국가법령정보센터(www.law.go.kr)에서 확인 가능하며, 각 지자체 홈페이지에서도 별도 메뉴를 통해 안내하고 있으니 직접 사이트에 방문하여 보기를 바란다.

4) 계통 연계 가능성 확인

소규모 태양광 발전소에서 생산한 전력을 최종 사용자에게 전달하기 위해선 발전소 인근에 계통에 접속할 수 있는 여유 용량이 있어야만 한다. 소규모 태양광 발전소는 꾸준히 증가하고 있는 반면 계통 설비는 보급 속도가 느려 계통 부족 현상이 심화되고 있다. 이에 따라 입지를 선정하는 데 있어서 접속이 가능한 계통 용량을 사전 확인하는 것 매우 중요하다. 사업 예정 지역의 계통 연계 가능성을 확인하려면 우선, 한국전력 사이버 지점(cyber.kepco.kr)을 방문해야 한다. 여기서 통합포털 > 계통접속정보 > 접속가능 용량 조회 메뉴 순으로 클릭하여 사업 예정 지역 송배전망에 접속이 가능한지 확인할 수 있다. 세부적으로 접속 가능 용량을 확인하는 방법으로는 다음 두 가지가 있다.

| 〈그림2. 한국전력 사이버 지점 내 사업지 주소로 접속 가능 용량을 조회하는 화면〉

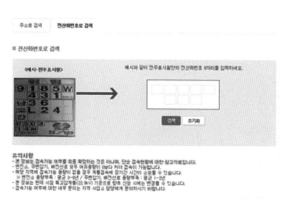

〈그림3. 사업지 인근 전주의 전산화번호를 검색하면 접속 가능 용량을 확인할 수 있다.〉

기본적으로 주소를 입력하여 조회하고 사업지 인근에 위치한 삼상전주가 있다면 전주에 표시된 전산화 번호로도 확인이 가능하다. 소규모 태양광 사업은 주로 입지 부근에 있는 삼상전주에 연계하므로 삼상전주가 예정 입지와 200미터 이내 위치하는지 확인해야 한다. 만약 삼상전주가 200미터보다 먼 곳에 위치하면 계통을 연계하기 위해 추가로 심어야 하는 전주 비용이 들게 된다. 온라인으로도 충분히 계통 용량 확인이 가능하지만 가급적 지역 한전지사에 유선으로 문의하여 확인하는 것이 더욱 정확하다. 온라인으로 계통 현황이 업데이트 되는데 시차가 있을 수도 있으니, 여유 용량이 거의 없는 상황이라면 반드시 지역 한전지사에 직접 문의하도록 하자.

5) 현장 방문 시 확인 사항

입지를 선정하기 위해 마지막으로 꼭 해야 할 것은 현장에 방문하는 것이다. 부동산 투자 시 임장을 꼭 해야 하듯이 태양광 사업도 현장 방문이 필수다. 현장 방문 후 가장 먼저 체크해야 할 사항은 바로 사업지 인근 주거지 현황이다. 지자체 조례에 명시된 주거지와의 이격 거리를 준수할 수 있는지도 직접 확인하고 민원 강도가 어느 정도 될지도 파악해야 한다. 실제 재생에너지 사업을 진행하면 민원이 없는 사업은 없다고 봐도 무방하다. 내 집에 태양광을 설치해도 옆집과 윗집에서 민원을 제기하는 게 현실이다. 민원은 무조건 있다는 기준에서 사업을 계획된 일정에 완료하는 것이 중요하다. 추가로 태양광의 경우 정남향으로 건설이 가능한지, 입지에 원활하게 접근할 수 있는 진입로가 있는지, 태양광 발전을 방해

할 수 있는 기타 요소는 없는지 전반적으로 체크해야 한다. 이렇게 입지 선정을 위한 검토 과정이 끝나면 수익 분석을 통해 최종 입지로 선정하여 사업을 시작하게 된다.

풍력 사업의
입지 선정 과정

풍력 사업의 입지 선정 과정도 대부분의 내용은 태양광에서 설명한 내용과 동일하게 진행된다. 입지 현황, 지자체 자치법규를 확인해야 하고 계통 연계 가능성과 민원 요소 등을 파악해야 한다. 풍력 사업과 태양광의 입지 선정 시 차이점은 풍력의 경우 바람 데이터를 비용을 투입해 직접 수집하고 분석한다는 것이다. 풍력 사업은 일반적으로 대규모로 진행된다. 태양광 대비 육상풍력은 약 2배, 해상풍력은 4배 정도 투자비가 소요되고 인허가 획득 및 건설 기간도 매우 길어 규모의 경제를 통해 수익을 좀 더 높이고자 하는 것이다.

현재 국내에서 운영되고 있는 해상풍력의 경우 실제 사업을 시작하고 발전소가 준공되기까지 평균 10년 정도 시간이 걸렸다. 이런 대형 사업을 추진할 때는 예상되는 전력 생산량을 정확하게 분석하는 것이 무엇보다 중요하다 할 수 있다. 만약 오차가 크게 발생한다면 목표 수익을 달성하기는커녕 금융 조달 비용도 감당할 수 없는 상황이 닥칠 수 있다(풍력 발전 입지를 선정하기 위해 가장 중요한 자원 분석 방법은 '자원분석을 통한 발전량 산출 방법'에서 구체적으로 알아보도록 하겠다).

사업자가 직접 입지를 선정할 수 있는
역량을 갖추자

국내 재생에너지 발전원 중 태양광은 가장 많은 설치 실적을 보유하고 있으며, 발전기업이 추진하는 사업 외에도 개인의 재테크 수단으로 많은 투자가 이뤄지고 있다. 실제 2021년 기준 국내 설치된 태양광 발전소 중 약 80%가 1MW 이하의 소규모 사업으로 구성되어 있다. 참고로 1MW는 국내 약 450가구가 사용할 수 있는 전력을 생산할 수 있는 사업 규모이다.

태양광 사업은 일반 부지부터 건물, 수상에도 다양하게 설치할 수 있고, 금융사로부터 많은 대출을 받아 적은 자본으로 시작할 수 있는 장점이 있다. 하지만 무분별한 투자를 통한 부작용도 생기고 있다. 한때 은퇴를 앞두거나 노후를 대비하기 위한 개인들에게 소규모 태양광 발전소 투자가 안정적인 재테크 수단으로 유행하듯 번졌다. 이에 맞춰 태양광 사업을 컨설팅하는 업체들 또한 우후죽순 생겨났고 이들 중 일부가 투자자를 대상으로 사기 등의 범죄 행위를 벌여 사회 문제로까지 번지기도 했다. 재생에너지 사업이 아직 제대로 성장하고 자리 잡기도 전에 부정적인 이미지가 생겨버린 것이다. 이러한 부작용을 사전에 차단하고 제대로 된 사업을 하기 위해선 사업자가 직접 좋은 입지를 선정할 수 있는 역량을 반드시 갖춰야 한다. 직접 발로 뛰고 사업을 추진할 수 있는 역량을 쌓을 수 있도록 제반 사항을 일일이 체크한 뒤에 적용해보기를 바란다.

2단계
: 자원분석을 통한 발전량 산출 방법

정확한 자원분석이
수익을 결정한다

재생에너지 발전소의 연료는 햇빛과 바람 등 자연으로부터 얻게 되는 무한 자원이다. 그렇기에 별도의 비용 없이 사용할 수 있는 장점을 지니지만 반대로 꼭 필요할 때 원하는 만큼 계획대로 이용할 수 없다는 단점을 가지게 된다. 자연으로부터 주어지는 이러한 선물을 언제 얼마나 어떻게 사용할 수 있는지 파악하는 게 재생에너지 사업의 수익을 결정하는 가장 중요한 사항 중 하나이다.

기후 환경 변화로 이러한 자원 활용 가능성에 대한 예측 작업이 점점 어려워지고 있다. 하지만 관련 기술이 발달하고, 재생에너지 시장이 확대되면서 자원분석 전문가의 역량 또한 점점 강화되고 있다. 실제 규모가 큰 사업의 자원분석을 진행할 때는 비용을 들여 전문 분석 프로그램(태양광 PVsyst, 풍력 WinPro)을 활용하는 외부기관에 업무를 위탁하여 진행한다.

이어지는 글에서는 재생에너지 사업에 관심있는 누구나 좀더 쉽게 이해하고 접근할 수 있는 분석 방법과 프로세스를 알아보도록 하겠다.

태양광 사업 자원분석1
: 일조시간 분석으로 예상 태양광 발전량을 산출한다

먼저 태양광 사업을 검토 중인 입지의 일조시간 분석으로 예상 발전량을 산출하는 방법에 대해 알아보자. 국내 평균 일조시간은 정부에서 제공하는 공공 데이터를 기준으로 약 6시간을 기록하고 있다. 하루 24시간 중에 6시간 동안 햇빛이 지면에 닿는다는 의미이다. 즉, 태양광 사업은 평균 6시간 비추는 햇빛을 활용하여 전력을 최대한 생산해야 한다. 그동안 국내에 설치된 태양광 발전소의 평균 발전 시간을 살펴보면 대략 3.5~3.6시간 정도를 기록하고 있다. 물론 지역마다 차이가 있지만 전국 평균 수치로 이해하면 된다. 일조시간이 6시간이고 태양광 발전 시간이 3.6시간이면 일조시간 기준 약 60%에 해당하는 시간 동안 전력이 생산된다. 이것을 근거로 사업을 추진하고자 하는 입지의 일조시간을 활용하여 예상 발전 시간을 추정할 수 있는 것이다.

가령 여러분들이 거주하는 지역에 태양광 시설을 설치하고자 한다면, 일조시간을 먼저 확인해보자. 일조시간은 기상청에서 제공하는 기상자료 개방 포털 사이트(data.kma.go.kr)에서 회원 가입

후 자료를 받아 볼 수 있다.

〈그림1. 기상자료 개방 포털 사이트 내 종관기상관측 메뉴_일조시간 데이터를 받을 수 있다.〉

일조시간을 확인했다면 아래의 공식으로 예상 태양광 발전량을 산출할 수 있다.

$$연간\ 예상\ 발전량 = 연평균\ 일조시간 \times 0.6 \times 사업규모 \times 365$$

예를 들어보자. 예정 사업 입지의 연평균 일조시간이 6.5시간이고 100kW 규모의 태양광 발전소를 건설할 계획이라면 연간 예상되는 발전량은 6.5 × 0.6 × 100kW × 365 = 142,350kWh 이다. 일조시간 분석 방법은 전국 평균치를 가정한 방법으로 실제 사업과는 오차가 발생하는 한계가 존재한다. 하지만 장기 데이터를 가지고 예상 발전량을 산출해보고 다음으로 소개할 일사량 분석 방법으로 계산된 발전량과 비교하며 사업을 진행한다면 의미 있는 수치로 충분히 활용 가능하다.

태양광 사업 자원분석2
: 일사량 분석으로 발전량을 산출하다

일사량을 통한 발전량 산출은 일조시간과 달리 입지의 면적당 도달하는 에너지를 분석하여 계산한다. 일사량의 기본 단위는 "(kWh/m2/기간)"으로 표시하고 태양광 발전량을 산정할 때 기초데이터로 가장 많이 활용된다. 일사량으로 발전량을 산출하는 공식은 아래와 같다

연간 예상 발전량

= 일사량(kWh/m2/day) × 설치면적(m2) × 설비효율*(%) × 365

(*) 단위 면적당 태양에너지를 전기에너지로 변환하는 비율

일사량 분석 방법은 사업을 추진할 입지의 면적과 적용할 태양광 설비의 발전 효율을 기준으로 계산하기 때문에 일조시간 분석 방법보다는 좀 더 신뢰도가 높다고 볼 수 있다. 최근 국내 태양광

설비의 효율은 약 22~24% 정도 수준에서 검토 가능하다. 실제 사업을 추진할 때는 예상되는 발전량 손실(여름철 태양광 패널 온도 상승으로 인한 손실, 설치 위치에 따른 음영 발생으로 인한 손실, 발전소에서 생산된 직류전력을 교류전력으로 변환할 때 발생하는 전력변환 손실 등)을 추가로 고려해서 좀 더 보수적으로 수익을 분석한다.

사업 입지의 일사량 데이터는 신재생에너지 데이터센터 홈페이지에 접속하여 신재생에너지 자원지도 분석시스템 > 태양광 메뉴 (https://kier-solar.org/user/map.do?type=sl)에서 확인할 수 있다.

〈그림2. 신재생에너지 데이터센터 태양자원 분석 시스템 화면〉

풍력 사업은 바람 데이터를 직접 수집하여
분석하는 것이 중요하다

풍력 사업은 태양광 사업대비 에너지원인 바람을 장기간 정확하게 예측하는 것이 쉽지 않다. 태양의 일조시간과 일사량은 지구 자전에 의해 어느 정도 일정하고 변화의 크기도 바람에 비해 작다.

실제 국내에서 운영 중인 태양광 사업의 실적도 예상치에서 크게 벗어나지 않는다. 반면 바람은 계속 증가하는 기후변화로 기상청에서 제공하는 과거 장기 데이터도 참조하는 정도로만 활용되고 있다. 그렇기에 풍력 사업에서 예상되는 전력 생산량을 되도록 정확하게 예측하기 위해선 발전소가 설치될 입지의 바람 데이터를 직접 수집해야 한다. 또한 수집된 데이터를 정교하게 분석하기 위해 외부의 전문 기관에 주로 의뢰하여 해당 결과를 바탕으로 사업을 진행한다. 이러한 사유로 풍력 사업은 개인이 소규모로 투자하는 게 현실적으로 쉽지 않고 발전사업을 영위하는 기업이 주로 투자를 하게 된다.

〈그림3: 육상에 설치된 풍황 계측기〉 [출처: 〈원주신문〉(2017.9.25.), "백운산 풍력사업추진"]

입지의 바람 데이터를 수집하기 위해 우선 해야 할 일은 풍황 계측기를 설치하는 것이다. 이를 통해 바람의 속도, 공기 밀도, 습

도 등의 다양한 내용을 파악할 수 있다. 육상에 설치하는 계측기 비용은 평균 1억 5천만 원 수준이며 지역과 설치 환경에 따라 조금씩 차이가 있다. 최근에는 철제 구조물이 아닌 레이저로 바람 현황을 측정하는 라이다(Lidar, Light Detection and Ranging) 제품도 많이 활용하고 있다.

해상 풍력 사업을 위해 설치하는 해상 계측기는 바다 한가운데 설치되는 만큼 수십억의 비용이 소요되고 설치 인허가도 육상 대비 복잡하다. 이에 따라 큰 비용을 투입하기 전에 사업지 인근 도서(섬) 지역에 육상 계측기를 먼저 설치하기도 한다. 인근 지역의 일정 기간 바람을 분석한 후 결과에 따라 투자를 시작하는 것이다.

풍황 계측기 설치 후 데이터를 수집하는 기간은 최소 1년이다. 이는 정부에서 사업 인허가를 검토할 때 확인하는 내용으로 반드시 1년간 4계절의 바람 현황을 수집하여 분석해야 한다. 일반적으로 대규모의 풍력 사업을 추진할 때는 2년 이상 데이터를 수집하여 오차 값을 줄이는 것을 권장한다. 이제 본격적으로 수집된 바람 데이터를 분석하는 방법에 대해 자세히 살펴보자.

<그림4 : 해상에 설치된 라이다> [출처: 〈일렉트릭파워〉(2017.10.10.), "풍황자원측정 이제 '라이다'로 간편하게"]

풍력 사업
자원분석 방법

먼저 바람 자체 데이터를 가지고 발전량을 예상해볼 수 있는 공식은 다음과 같다.

$$\frac{1}{2}\rho AV^3$$

ρ는 공기의 밀도를 의미하며 기압과 같이 고도가 낮을수록 높아지고, 고도가 높을수록 낮아진다. 우리가 비행기를 타고 여행을 갈 때 느끼는 기압차를 생각해보면 쉽게 이해할 수 있다. A는 풍력 발전기 날개의 회전 면적을 의미한다. 즉, 날개가 커서 회전 면적이 커질수록 발전량은 증가한다. 바람의 속도가 빠르지 않은 지역

일수록 날개가 큰 대형 풍력 발전기를 설치해야 더 많은 전력을 생산할 수 있게 된다. 마지막 V는 바람의 속도다. 바람의 속도는 발전량에 승수가 세제곱으로 적용되며 바람의 속도가 결국 풍력 사업의 발전량에서 가장 중요한 요소라 할 수 있다.

풍력 발전기는 바람의 속도가 3m/s 이상이 돼야 가동되기 시작하고 최대 25m/s까지 전력을 최대치로 생산할 수 있다. 만약 25m/s 이상으로 바람이 세게 불면 오히려 풍력 발전기의 날개가 부러지는 등 피해가 발생할 수 있기 때문에 가동을 멈추게 된다.

다음으로 사업에 적용할 풍력 발전기의 성능과 바람 데이터를 가지고 실제 예상되는 발전량을 산출하는 프로세스에 대해 알아보자. 우리가 풍력 발전기를 선택하게 되면 각 기종별로 바람의 속도 및 기타 조건에 따른 발전량을 가늠해볼 수 있다. 일반적으로 풍력 발전기를 제조하는 기업에서는 매 시간 불어오는 바람 데이터를 기준으로 전력을 생산할 수 있는 발전량을 제시한다. 풍황 계측기를 설치해서 수집된 연간 기준(8,760시간) 매 시간별 바람 데이터를 가지고 사업에 적용할 풍력 발전기 제품이 제시하는 발전량을 계산하면 연간 예상되는 총 발전량(Gross Output)을 산출할 수 있다.

총발전량이 계산되면 이제 발전량 손실이 발생할 수 있는 예상되는 요소들을 검토해 해당하는 발전량만큼 차감하게 된다. 풍력 사업에서 고려되는 발전량 손실 요소들은 아래 표와 같이 분류된다.

| 〈표1. 풍력 사업의 발전량 손실 요소들〉

구분	예상 손실 내용
발전기 성능	가동률 미달, 제시한 발전량 미달
후류효과[*] (Wake Effect)	후류효과로 인한 발전량 손실
환경적 요인	결빙, 번개, 해일 등
전기설비 요인	전압 변경시 손실, 송배전 손실 등
출력제한	새 때 이동 시기, 유지보수 기간 등

총 발전량에서 표1에 정리된 손실분을 차감하면 순 발전량(Net Output)이 계산된다. 순 발전량은 전문용어로 P50 발전량이라고 하며 P는 확률(Probability)의 약어이다. 즉, P50의 순 발전량은 실제 사업을 통해 생산될 수 있는 확률이 50% 이상이 되는 발전량을 의미한다.

마지막으로 순 발전량을 기준으로 좀 더 확률을 높혀가는 작업

---

[*] 풍력 발전 단지에서 바람의 방향을 기준으로 앞쪽에 설치된 발전기에서 발생한 난류가 뒤쪽에 위치한 발전기의 출력을 감소시키는 현상

이 한 번 더 진행된다. 계측기에서 수집된 데이터 자체의 오류 값을 체크하고 분석 전문가의 노하우와 통계 프로그램을 기반으로 더 정확한 예측값을 계산하는 것이다. 이를 통해 P75(75% 이상의 확률을 가진 발전량), P90(90% 이상의 확률을 가진 발전량) 발전량을 산출한다. 지금까지 설명한 내용을 도식화 하면 다음과 같다.

〈풍력 사업의 발전량을 분석하는 프로세스〉

① 연간 시간 단위로 측정된 풍황 적용 시 풍력발전기의 성능을 고려한 예상 발전량 산출의 합 = Gross Output

② 예상되는 손실 반영 = Net Output (P50 발전량)

③ 풍향데이터 자체의 불확실성을 반영 -> 분석자의 노하우와 통계 산식 적용 후 P75, P90 발전량 산출

실제 풍력 사업을 추진하는 사업자는 P75 기준의 발전량을 가지고 수익을 분석한다. 또한 사업에 대출을 실행하는 금융기관은 좀더 보수적으로 P90 발전량을 기준으로 대출의 원리금 상환에 문제가 없는지 분석을 진행한다.

풍력 사업의 자원 분석 과정은 조금 복잡하고 전문적인 내용이 담겨 있어 해당 내용을 처음 접하는 개인이 쉽게 이해하기 어려운 단점이 있다. 하지만 재생에너지 사업을 하는 회사에서 현재 근무하고 있거나, 새롭게 이 분야의 일을 하고자 분들에게는 이 같은 설명 내용이 많은 도움이 될 것이다.

이제 자원분석을 통한 재생에너지 사업의 발전량을 산출하는 방법을 알아봤으니, 생산한 전력의 판매 가격을 결정하여 사업의 매출과 수익을 검토하는 과정에 대해 살펴보자.

3단계
: 사업성 검토 방법

재생에너지 사업의
매출 결정 방식

　재생에너지 사업의 무한 자원인 햇빛과 바람에 대한 분석 과정을 이해했다면 이제 매출을 구하고 투자 수익을 달성할 수 있는지 확인하는 사업성 검토 과정을 진행해야 한다. 일반적으로 제품을 생산하여 판매하는 사업의 매출을 구하는 공식은 다음과 같다.

　　　S(Sales, 매출) = Q(Quantity, 수량) × P(Price, 가격)

　이 공식을 재생에너지 사업에도 동일하게 적용해보자. 우리가 자원분석을 통해 확인한 전력 생산량은 Q(수량)다. P(가격)를 결정하는 요소는 크게 2가지로 구성된다. SMP(System Marginal Price, 계통한계가격)와 REC(Renewable Energy Certificates, 재생에너지로 전력을 생산했

음을 증명하는 인증서)다. SMP는 전력판매가격으로 재생에너지 발전소에서 생산된 모든 전력을 한국전력에서 전량 SMP 가격에 맞춰 구매를 하게 된다.

REC는 재생에너지로 생산된 전력량만큼 발급해주는 인증서로, 사업자와 REC 매매 계약을 맺은 RPS 의무 공급사가 한국전력에 제출하면 일정 금액을 정산해주는 일종의 보조금이다. REC는 모든 사업에 동일하게 적용하지 않고 재생에너지 발전소가 들어서는 위치와 규모 등에 따라 차등 지급한다. 상기 내용을 바탕으로 재생에너지 사업의 매출 공식을 작성하면 다음과 같다.

$$매출 = 발전량 \times (SMP + REC \times 가중치)$$

아직은 SMP와 REC가 무엇인지 처음 개념을 접하는 이들에게는 쉽게 다가오지 않을 것이다. 이제 매출이 결정되는 공식을 알아봤으니 가격을 구성하는 2가지 요소에 대해 좀 더 자세히 살펴보자.

전력 가격 결정 요소1
: SMP

SMP는 재생에너지 사업자가 발전소를 운영하며 생산한 전력을 한국전력에 판매하는 단위당(kWh) 가격이다. 우리나라 전력시장은 한국전력이 국내에서 생산되는 모든 전력을 전력거래소를 통해서 구매하고 이를 최종 소비자에게 다시 공급하는 구조로 운영된다. 그럼 여기서 SMP는 어떠한 방식으로 결정되는지 궁금할 것이다. 이것을 알기 위해선 먼저 우리나라의 전력거래 시장에 대한 이해가 필요하다.

국내 전력거래시장은 전력거래소가 당일 예상되는 전력 수요량을 하루 전날 시간 단위로 예측하여 공급하는 방식으로 진행된다. 즉, 전일 예측된 수요량에 맞춰 당일 국내 발전사업자들이 전력을 생산하게 된다. 전력거래소는 당일 시간별로 필요한 전력량과 공급가능량을 체크하면서 전력 생산 시 가장 비용이 저렴한 발전소부터 전력을 생산하도록 지시를 내린다. 이것을 급전지시라고 한다.

일반적으로 원자력발전소와 석탄발전소가 1kWh 전력 생산비용이 가장 저렴하기 때문에 24시간 쉬지 않고 전력을 공급하고, 사람들의 활동이 본격적으로 시작되는 오전 6시부터 LNG발전소가 전력거래소의 지시를 받고 가동되기 시작한다. 이렇게 매 시간마다 전력 수요량에 대응하기 위해 가장 마지막으로 가동될 발전소가 결정되고 해당 발전소가 사용한 연료비가 SMP로 결정된다. 지금까지 설명한 내용을 도식화하면 아래와 같다.

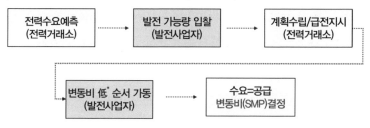

참고로 재생에너지 발전소는 연료를 직접 주입하여 가동하지 않고, 햇빛과 바람의 유무에 따라 전력을 생산하기 때문에 전력거래소로부터 별도의 급전지시를 받지 않는다. 그리고 생산된 전력은 매 시간 결정된 SMP에 맞춰서 한국전력이 구매한다.

전력 가격 결정 요소2
: REC 및 가중치

REC는 재생에너지를 통해 전력을 생산했다는 인증서로, 쉽게 이야기하면 정부가 재생에너지 사업자에게 지급하는 보조금이다. 재생에너지 사업은 원자력, 석탄 발전소와 같이 연료를 직접 주입하여 24시간 계속 전력을 생산하지 못해 사업자의 입장에서는 수익이 상대적으로 적을 수밖에 없다. 만약 수익이 나지 않아 사업이 진행되지 않는다면 어느 누구도 재생에너지 사업에 투자하지 않을 것이고 산업은 붕괴될 것이다. 정부도 이를 잘 알기에 재생에너지 산업을 육성하고 탄소중립경제를 실현하기 위해 REC를 지원하는 것이다. RPS 제도를 기반으로 재생에너지 사업이 본격적으로 시작된 10년 전보다는 수익이 많이 개선되었지만, 해상풍력 등 아직 시장 내 초기 단계의 사업들은 정부의 지원이 계속 필요한 상황이다.

REC는 재생에너지 발전원과 사업 규모, 발전소가 설치되는 위치 등에 따라 가중치를 부여하여 차등적으로 지급한다. 즉 투자비가 더 많이 들어가고 운영이 어려운 사업에 대해서는 더 많은 보조금을 지급하는 시스템이라고 이해하면 된다. 참고로 정부에서 현재 적용하고 있는 태양광과 풍력 사업의 REC 가중치는 다음과 같다.

〈표1. 태양광, 풍력 사업의 REC 가중치 적용기준〉

대분류	소분류		REC 가중치
태양광	일반부지	소규모(100kW 미만)	1.2
		중규모(100kW~3MW)	1.0
		대규모(3MW 초과)	0.8
	건축물 등 기존시설물 활용	소규모(100kW 미만)	1.5
		중규모(100kW~3MW)	
		대규모(3MW 초과)	1.0
	수상태양광	소규모(100kW 미만)	1.6
		중규모(100kW~3MW)	1.4
		대규모(3MW 초과)	1.2
	임야		0.5
	자가용		1.0
풍력	육상		1.2
	해상(법률상 바다 및 바닷가 중 수심이 존재)		2.5
	연안해상(해상풍력 中 간석지 또는 방조제 내측)		2.0
	수심 5m, 연계거리 5km 증가시마다 (수심 20m 초과, 연계거리 5km 초과인 해상풍력 및 연안해상풍력에 적용)		+0.4(복합)

이제 재생에너지 사업의 비용을 구성하는 요소에 대해 알아보자. 이전 글에서 설명한 매출에서 비용을 차감해야 우리가 목표했던 수익이 발생하고 있는지 확인이 가능할 것이다. 재생에너지 사업은 다른 발전원과 달리 연료비가 없기 때문에 대부분의 비용은 발전소를 관리하는 데 사용된다. 비용은 크게 고정비와 변동비로 나누게 되며 고정비용은 유지보수비용, 인건비, 복리후생비, 보험료, 임대료(사업부지를 임대했을 경우) 등으로 구성된다.

변동비는 전력 생산과 판매에 따른 한국전력과의 거래 수수료가 대부분을 차지한다. 1kWh당 전력거래수수료는 현재 기준으로 0.1034원이며, 1REC 거래수수료는 50원이다. 기타 발전소가 운영되는 지역 사회를 위해 일부 지원하는 비용이 발생할 수 있다.

지금까지 매출 및 비용구조를 파악했으니, 간단한 예를 들어 수익을 계산해보자. 현재 100kW 규모의 태양광 발전사업을 일반 부지에서 운영하기 시작하였다. 일 평균 발전 시간은 3.5시간이고, 생산된 전력은 1kWh당 SMP는 100원, REC는 70원에 판매하였다. 총 운영비용은 매출 대비 30%가 소요된다고 가정하자. 2023년의 수익은 얼마가 될까?

먼저 매출을 구해보자. 매출은 이전 글에서 살펴봤듯이 '발전량 × (SMP + REC × 가중치)'에 따라 구할 수 있다. 연간 발전량은 다음과 같다(100kW × 3.5h × 365=127,750kWh). 다음으로 REC 가중치를 살펴보자. 태양광 사업이 일반 부지에 설치되고 규모가 100kW면 가중치 1.0이 적용된다. 이제 매출을 구성하는 모든 값이 확인됐으니 계산을 해보자.

$$127,750 \times (100 + 70 \times 1) = 21,717,500원$$

예시로 든 사업의 연간 매출액은 21,717,500원임을 확인하였다. 여기서 총 운영비용을 매출의 30%로 적용하여 제외하면 연간 벌어들이는 수익이 계산된다.

사업성 검토를 위해
꼭 알아야 할 재무 용어

마지막으로 사업자가 투자하는 자금에 대한 여러 기회비용 요소를 고려하여 사업에 투자 가능한 수익률을 산정하는 방법에 대해 알아보자. 실제 대규모의 재생에너지 사업을 추진하면 수익성 분석을 위해 여러 재무 용어를 이해해야 하지만, 여기서는 기본적으로 숙지해야 할 2가지 개념에 대해서만 살펴보도록 하겠다.

1) WACC(가중평균자본비용, Weighted Average Cost of Capital)

일반적으로 특정 사업을 추진하는 개인 혹은 기업은 기존에 가지고 있던 자기자본에 더해 외부로부터 빌린 타인자본을 합하여 새로운 사업에 투자를 하게 된다. 이때 처음부터 보유하고 있던 자기자본과 외부로부터 조달한 타인자본의 기회비용을 더해 새로운 사업에 투자할 시 최소한의 기준 수익률을 정하게 된다. 이 기준 수익률을 재무 용어로 WACC(가중평균자본비용)라고 한다. 기업에서는 새롭게 추진하는 사업이 이 기준 수익률을 넘어야만 투자가 가능하기 때문에 허들 레이트(hurdle rate)라 칭하기도 한다. WACC를 구하는 과정은 복잡한 공식을 통해 자기자본 비용과 타인자본 비용을 계산하여 더하게 되지만 여기서는 간단히 개념만 이해하는 수준으로 설명하겠다.

　A기업이 100억을 투자하여 태양광 사업을 한다고 가정해보자. A기업이 가지고 있던 자기자본은 50억이고 나머지 50억은 회사채를 발행하여 조달하였다. A기업은 이렇게 조달한 자금을 가지고 태양광 사업에 투자하기 위한 기준 수익률을 구하고자 한다. 우선 A기업의 자기자본에 대한 기준 수익률을 알아보자. 평소 A기업은 자기자본을 사업에 투자해서 평균적으로 약 10%의 수익을 기록하고 있다. 즉, A기업은 태양광 사업에 투자할 자기자본 50억에 대해 10%의 수익을 기대하게 된다. 이것이 바로 자기자본비용이다. 여기서 자기자본의 기준 수익률을 자기자본비용이라고 칭하는 이유는 자기자본을 현재 검토 중인 태양광 사업에 투자하지 않고 다른 사업에 투자했을 때 달성할 수 있는 수익률이자 기회비용이기 때문이다. A기업이 투자할 100억 중 자기자본 50억에 대한 기준 수익률이자 자기자본비용이 10%가 되는 것이다. A기업이 회사채를 발행하여 조달한 나머지 50억은 회사채 금리가 곧 타

인자본비용이 된다. 여기에 회사채를 발행해서 채권자에게 지급한 이자 비용이 A사의 수익을 감소시켜 법인세가 절감되는 것을 추가로 고려하게 된다. 이 설명 과정을 통해 도출된 WACC 공식은 다음과 같다.

WACC = [자기자본비용 × 자기자본비율(50%)] + [세후타인자본비용* × 타인자본비율(50%)]

만약 자기자본비용이 10%, 타인자본 조달금리가 4%, 법인세율이 22%라 가정하면 A기업의 WACC가 상기 공식에 따라 6.56%가 된다. 즉, 투자하고자 하는 태양광 사업의 수익률이 최소 6.56%가 넘어야 투자가 가능하다는 의미이다.

2) IRR(내부수익률, Internal Rate of Return)

앞서 살펴본 WACC이 사업자의 자체 기준 수익률을 말한다면, 여기서 검토할 IRR은 투자할 재생에너지 사업의 수익률 의미한다.

IRR의 정의를 살펴보면 다음과 같다. "투자금의 현재가치와 미래에 예상되는 현금수입액의 현재가치가 동일하게 되는 할인율". 만약 A기업이 100억 원을 현재 투자하여 미래에 벌어들일 현금수입액이 총 200억이라면 미래의 200억이 현재의 100억과 동일하

---

* 타인자본 조달금리 × (1−법인세율)

게 되는 할인율을 구할 수 있고 이 할인율이 곧 사업의 수익률이 되는 것이다.

우리는 매년 발생하는 인플레이션으로 인해 돈의 가치가 감소하는 것을 알고 있다. 그래서 인플레이션률보다 높은 이자를 주는 여러 가지 금융상품에 투자하고자 한다. 이것과 같은 원리로 이해하면 IRR에 대해 좀 더 쉽게 다가갈 수 있다. 만약 특정 사업의 IRR이 7%라면 이는 매년 복리로 7%의 수익이 발생한다는 것과 같은 의미가 된다. 즉, 투자하고자 하는 대상사업의 IRR이 투자자의 내부 기준 수익률인 WACC보다 커야 투자가 가능하다. 일반적으로 사업의 IRR은 사업 전 기간 발생하는 순현금흐름**을 먼저 계산하고, 엑셀 함수(XIRR)를 적용해 도출한다.

이제까지 사업성 검토에 대해 살펴보았다. 처음 접하는 용어에 조금은 어렵게 느껴졌을 수도 있지만 책에 기술한 내용을 반복해서 읽어보고 기타 재무 용어에 대해 조금 더 관심을 가지고 살펴본다면 정확한 수익을 파악하고 사업 목표를 수립하는 데 문제가 없을 것이다.

** 순현금흐름(Free Cash Flow to the Firm) = (총 매출 − 총 비용 − 법인세) − 투자비

4단계
: 인허가 획득

입지 개발을 위한
인허가 획득 과정

재생에너지 사업을 위한 입지 선정 및 투자를 위한 수익 목표를 설정하였다면 이제 본격적으로 입지를 개발하는 과정에 들어서게 된다. 사업의 인허가를 받기 위해서 가장 먼저 진행하는 일은 사업의 주체가 될 법인, SPC(Special Purpose Company, 특수목적법인)를 설립하는 것이다. SPC는 하나의 사업을 진행하기 위해 설립하게 되며, 추후 금융 조달을 위해 해당 사업에서 발생하는 현금흐름을 사업자의 타 사업 현금흐름과 중복되지 않게 관리하기 위한 목적으로도 활용된다.

SPC를 설립하였다면 이제 본격적으로 인허가를 획득하기 위한 활동에 돌입하게 된다. 재생에너지 사업을 위한 인허가는 크게 2가지로 구분된다. 하나는 사업자가 전력 사업을 하기 위해 자격을 얻는 전기사업허가, 나머지는 입지에 발전소를 건설하기 위한 개발행위허가다. 인허가 기간은 소규모 태양광 사업의 경우 평균 6~10개월 정도 소요되며, 대규모 해상풍력 같은 사업의 경우는 5~6년씩 걸릴 정도로 장기간에 걸쳐 다양한 이해관계자와 협의를 진행하게 된다. 일반적으로 진행되는 인허가 획득 과정의 중요한 절차를 요약하면 아래와 같이 진행된다.

| 〈재생에너지 사업의 인허가 과정 요약〉

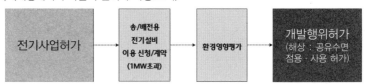

먼저 전기사업허가를 받게 되면 사업 규모가 1MW를 초과하는 경우 한국전력에 송·배전망 전기설비 이용 신청을 하게 된다. 그러면 한국전력은 사업자가 신청한 재생에너지 설비가 계통에 미치는 영향을 검토하여 보완사항 및 접속가능 여부에 대한 결과를 회신한다. 송전망의 경우는 이용 신청부터 전기설비 이용 계약을 체결하는 데까지 약 7개월이 소요되고, 배전망의 경우는 3개월이 걸린다. 참고로 1MW 이하의 소규모 사업의 경우는 인근 지역에 배전망 접속가능 여유분이 있다면 한국전력에 신고 후 빠르게 연계가 가능하다. 다만, 현 정부에서는 1MW 이하 사업의 계통 접속 과정을 개정해야 한다는 의견을 피력하고 있어 이 부분은 정부의

정책이 앞으로 변화하는지 여부에 대한 체크가 필요하다.

환경영향평가는 재생에너지 사업이 환경에 미치는 영향을 조사, 예측, 평가하는 과정이다. 환경영향평가는 개발행위허가에 대해 설명하면서 더 자세히 살펴보도록 하겠다. 우선 첫 번째 중요한 인허가 과정인 전기사업허가에 대해 구체적으로 알아보자.

전력 사업을 영위하기 위한 자격을 취득하다
: 전기사업허가

전기사업허가는 재생에너지 사업을 영위하고자 하는 사업자가 첫 번째로 취득해야 하는 인허가로 전력을 생산하는 사업자로서의 자격을 부여받는 과정이다. 전력 사업은 국가의 모든 활동을 유지하는 데 있어서 필수재인 전기를 생산·공급하는 사업이다. 이에 따라 정부에서는 전력 사업을 영위하고자 하는 사업자가 해당 입지에 발전소를 건설하고 운영하는 데 문제가 없을지 판단하는 게 중요하다.

전기사업허가를 인가하는 주체는 사업 규모에 따라 나뉘게 된다. 3MW 초과 사업의 경우는 산업통상자원부 산하 전기위원회에서 심의 후 결정하며, 3MW 이하 사업은 발전소가 설치될 각 시·도·군의 지자체장이 허가를 내준다. 여기서는 전기위원회에서 허가를 진행하는 과정을 중심으로 설명하겠다. 전기위원회 심의가 진행되는 과정은 아래 그림과 같다.

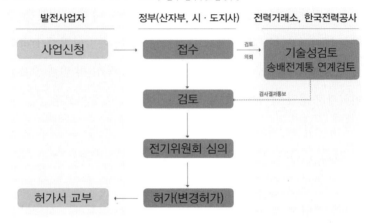

| 〈그림1. 전기사업허가 심의 과정〉(※ 출처 : 전력거래소 홈페이지)

사업자가 심의를 위한 서류를 준비하여 전기사업허가를 신청하면 산자부에서는 자료를 접수받아 검토를 진행한다. 이때 유관 기관인 한국전력과 전력거래소에 송배전 계통의 연계 가능성에 대해서 추가로 검토 요청하여 관련 의견을 회신받는다. 이후 검토 의견을 종합하여 심의를 위한 전기위원회를 개최하게 된다. 전기위원회는 의장을 비롯하여 업계 전문가로 위원이 구성되고, 특별한 사유가 없는 한 매월 1회 개최된다.

심의 과정에서는 크게 3가지 항목에 대한 평가를 진행한다. 사업자의 기술능력, 재무능력, 사업이행 능력으로 재생에너지 사업을 진행할 수 있는 기술과 자금조달능력, 마지막으로 건설부터 운영까지 장기간 사업을 끝까지 진행할 수 있는 사업이행 능력이 있는지를 판단한다.

최근에는 평가 항목 중 자금조달과 사업이행 능력 부분에 대한 기준이 점점 강화되고 있다. 전기사업허가를 신청한 사업자는 자본금 출자에 대한 확약서를 제출해야 하고 과거 10년간 발전사업을 진행했던 이력도 증빙해야 한다. 추가로 총 사업비 중 자기자본 비율을 기존 10%에서 20%로 상향하고, 허가 신청 당시에 보유해야 하는 최소 납입자본금(총 사업비의 1.5%) 기준도 신설되었다. 이렇게 기준이 강화되는 이유는 기존에 전기사업허가를 받은 사업자가 개발 과정을 끝까지 이행하지 않고 중간에 사업권을 비싼 가격에 매각하는 경우가 자주 발생했기 때문이다. 앞으로는 전력 사업을 제대로 진행하고자 하는 사업자만 허가를 받을 수 있을 것으로 기대한다. 심의 후 결과는 크게 허가, 보류, 불인정 등으로 구분되고 보류와 불인정의 경우는 해당 사유에 대한 내용을 보강해서 추후 다시 허가 신청을 하게 된다.

참고로 사업자가 허가 신청 시 준비해야 하는 서류와 심의 기준에 대한 사항 등은 전력거래소 홈페이지 내 주요사업〉전력수급〉전기사업허가 업무 메뉴에서 확인 가능하다.

발전소를 건설하기 위한 인허가를 취득하다
: 개발행위허가

개발행위허가는 발전소를 건설하기 위해 받는 인허가로 육상에서 진행되는 공사는 해당 지자체, 해상에서 진행되는 공사는 공유수면 관리청의 점용·사용 허가가 필요하다. 일반적으로 재생에너지 발전소 건설을 진행하게 되면 주변 지역 환경에 영향을 미치게 되고, 인근에 거주하고 있는 주민에게도 피해가 갈 수 있기에 사전에 이러한 부분에 대한 평가와 이해관계자 간 협의가 진행되어야 한다. 즉, 인허가 기관에서 개발행위허가에 대한 심의를 진행하기 위해서는 환경영향평가와 주민 협의 결과가 반드시 제출되어야 한다. 개발행위허가를 위해 사전에 필수적으로 진행해야 하는 두 가지 과정에 대해 좀 더 자세히 알아보도록 하자.

1) 환경영향평가

환경영향평가는 개발사업이 지역 환경에 미치는 영향을 조사, 예측, 평가하여 해로운 환경영향을 피하거나 제거, 감소시키기 위한 방안을 마련하는 것이다. 환경영향평가법에 근거한 적용기준에 맞춰 진행되며, 재생에너지 사업의 경우 규모가 100MW 이상이면 환경영향평가를 수행해야 한다. 참고로 사업 규모가 100MW 미만이면 부지 면적 등 관련법에 따라 소규모환경영향평가를 진행하게 된다. 자세한 사항은 환경영향평가법 시행령 별표 4번(소규모 환경영향평가 대상사업의 종류, 범위 및 협의 요청시기)에서 확인 할 수 있다.

환경영향평가는 크게 3단계로 진행된다. 우선 환경영향평가서 준비 단계다. 사업자가 전문기관에 의뢰하여 사업 지역의 4계절 동안 발생할 수 있는 환경영향 요인을 분석하고 자료를 준비한다. 이 과정에서 환경영향평가를 위한 협의회도 만들어지게 된다. 협의회 멤버는 승인기관, 지자체, 지역주민대표, 민간 전문가 등으로 구성되며, 환경영향평가 항목 및 범위 등을 결정한다.

다음 단계로 사업자가 준비한 평가서 초안을 지역 주민에게 공유한다. 지자체는 초안공람과 설명회 일정을 준비하고, 설명회에서 사업자가 직접 주민에게 설명한다. 이 때 나온 주민의 의견을 포함하여 평가서 본안이 만들어지고 이를 최종 검토기관인 환경부에 제출하게 된다. 환경부에서는 접수된 평가서를 관계기관과 함께 검토하여 최대 60일 내 결과를 회신한다. 지금까지 설명한 내용을 도식화하면 아래와 같다.

| 〈환경영향평가 진행 과정〉

환경영향평가는 평가서 준비와 지역 주민과의 협의 과정을 고려 시 최소 1년 반에서 2년 정도 소요되기 때문에 100MW 이상의 대규모 재생에너지 사업을 추진할 때는 목표하는 개발 일정이 지연되지 않도록 사전에 잘 준비해야만 한다.

2) 지역 주민 협의

재생에너지 사업의 인허가 과정에서 지역 주민과의 협의는 중요도가 갈수록 높아지고 있다. 특히 해상에서 진행되는 개발사업의 경우 직접적인 피해가 예상되는 어업인을 대상으로 반드시 사전에 의견을 수렴하는 절차가 공유수면법 개정('22.7)을 통해 반영되었다.

공유수면 관리청은 사업자가 개발 인허가 신청서를 제출하면 이를 14일간 관보, 홈페이지 등에 게시하고 의견을 수렴한다. 또한 사업으로 인해 피해가 예상되는 어업인과 단체에 의견을 제출하도록 직접 요청한다. 이때 의견을 요청받은 어업인과 단체는 20일 내 서면으로 제출하면 된다.

참고로 공유수면 관리청은 사업 입지에 따라 구분된다. 배타적 경제수역, 항만구역에 발전소가 들어설 경우에는 해양수산부가 담당하게 되고, 그 외 지역은 해당 지자체가 관리한다.

이렇게 환경영향평가와 지역 주민 협의 과정이 완료되면 승인기관은 관계기관과 협의를 통해 최종 결과를 통보하게 된다. 인허가 신청서 접수 후 운영 지침상의 허가 기간은 15일이나, 실제 관계기간 협의 및 주민 수용성에 대한 지자체의 해석, 판단 등에 따라 장기간 소요되는 경우가 대부분이다. 향후 이러한 인허가 기간을 단축하는 것이 재생에너지 산업의 활성화와 사업자가 목표하는 수익을 달성하는 데 있어서 핵심적인 관리 포인트가 될 것이다.

대규모 사업의 인허가 획득 가능성을 높이는 것이 필요하다

지금까지 재생에너지 사업의 인허가 프로세스와 주요 활동 사항에 대해 알아보았다. 인허가는 사업의 성공과 실패를 결정하는 중요한 과정이다. 재생에너지 사업의 경우 인허가를 받지 못하면 개발 과정에서 투자된 자금을 회수하는 것이 현실적으로 어렵기 때문이다.

그동안 국내 재생에너지 사업은 민간 사업자가 개별적으로 사업 입지를 발굴하고 지역 주민과 협의하며 복잡한 인허가 과정을 수행해왔다. 이로 인해 재생에너지 사업의 난개발과 지역 주민에 대한 보상 절차가 투명하지 못한 문제가 지속됐다. 이러한 사유로 풍력 사업의 경우는 개발 기간이 평균 5년이 넘고, 실제 국내에서 운영되고 있는 해상풍력 사업은 입지 선정부터 운영까지 10년이란 시간이 소요되었다. 인허가 과정의 어려움은 결국 국내에 설치된 재생에너지 발전소가 대부분 인허가가 간단한 1MW 이하 소규모 태양광 발전소로 구성되는 결과를 만들어냈다. 우리가 목표로 하는 탄소중립경제의 실현, RE100 기업을 지속적으로 늘려가기 위해서는 대규모 재생에너지 사업의 인허가 기간을 단축할 수 있는 정부의 지원이 시급하다.

현재 국회에 해상풍력 보급 활성화를 위한 법안들이 발의되었다. 사업의 인허가 기간을 단축시키고 민간 기업이 단독으로 개발을 이끄는 것이 아닌 정부와 지자체, 지역 주민과 함께하는 사업을 만들어가겠다는 내용이다. 물론 법은 모든 것을 해결해 줄 수 있는 만병통치약이 아니고 실제 정부 주도의 재생에너지 사업이 가지는 장단점 또한 존재할 수밖에 없을 것이다. 하지만 대규모 사업이 빠른 시간 안에 정착할 수 있을지 여부가 향후 국내 재생에너지 시장의 발전 가능성을 가늠해볼 수 있는 기준이 될 것은 확실하다. 대규모 사업의 보급을 촉진함과 동시에 온실가스 감축과 탄소중립 실현에 기여하겠다는 이러한 노력이 되도록 짧은 기간 안에 실현되길 기대해본다.

5단계
: 주요 사업계약 체결

재생에너지 사업구조 및
주요계약

재생에너지 사업을 개발하면서 중요하게 거쳐야 할 과정 중 하나는 사업의 밸류체인상 가장 역할을 잘 해낼 수 있는 파트너를 결정하는 것이다. 사업의 목표를 달성하기 위해선 인허가를 완료한 이후에도 장기간의 건설 과정이 필요하고, 운영 기간 또한 20년 이상 지속되기 때문이다. 특히 대규모 풍력 사업의 경우 육상은 최소 1년 이상, 해상의 경우는 3년 이상의 건설 기간이 필요하다.

이렇게 장기간 준비가 필요한 사업일수록 함께하는 파트너와의 호흡과 시너지 창출이 매우 중요하다는 것은 중언부언할 필요가 없을 것이다. 우선 파트너와 체결하는 계약을 설명하기 위해 재생에너지 사업이 진행되는 전체 구조와 주요 계약을 도식화하면 아래와 같다.

| 〈재생에너지 사업구조 및 주요 계약〉

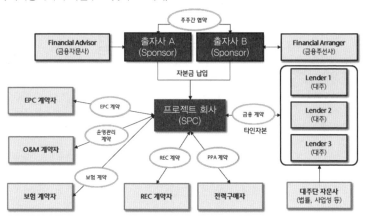

재생에너지 사업은 설립한 SPC(특수목적법인)를 통해 주주 간 협약, EPC 계약, 운영관리 계약 등 주요 사업 계약을 체결한다. 사업자는 인허가의 첫 번째 단계인 전기사업허가를 받으면 본격적으로 함께할 파트너를 물색하고 조건을 협의하기 시작한다. 이때 계약 조건은 장기 소요되는 인허가 기간을 고려하여 실제 계약 체결이 예상되는 시점에 맞춰서 협의가 이뤄진다. 최종적으로 개발행위허가를 완료하면 계약을 체결하고 건설과 운영을 진행하게 된다.

여기서는 주요 사업 계약 중 가장 핵심적인 계약인 주주 간 협약, EPC, 운영관리, REC 계약에 대해 살펴보고 금융계약은 '4장 재생에너지 사업의 금융 조달'에서 프로젝트 파이낸스의 개념과 함께 설명하겠다.

주주 간 협약
: 주주 간 권리와 의무를 정의하다

주주 간 협약은 사업을 추진하는 데 있어서 주주 간 권리와 의무를 규정하는 계약으로, SPC 설립 과정에서 협의를 진행하고 설립과 동시에 체결한다. 협약의 주요 사항으로는 주주간 주식을 처분하는 양수도 기준, 주주총회 및 이사회 구성·운영 기준, 주주의 의무와 책임사항, 주주 간 분쟁이 발생했을 시 해결 절차 등으로 구성된다. 이 외 건설과 운영을 책임질 파트너가 사업의 주주로 참여하는 경우는 관련 계약을 체결하는 방식과 내용을 주주 간 협약에 반영하기도 한다.

주주 간 협약은 앞으로 진행될 사업의 개발 및 운영 기준을 정하고 예상되는 리스크가 발생 했을 시 해결하기 위한 방안을 결정하는 것이다. 그렇기에 주주로 참여하는 모든 당사자는 신중하게 검토하고 협약을 체결할 수밖에 없다. 주주 간 협약 체결 시 대표적으로 가장 많은 논의가 이뤄지는 내용이 주주총회와 이사회의 운영 방식이다. 특히 주주총회에서 진행되는 특별 결의 사항에 대해서는 의결 기준과 내용에 대해 각 주주 간 많은 협의와 수정 과정을 거치게 된다. 일반적으로 재생에너지 사업에서 적용되는 주주총회 특별 결의 사항의 예시는 다음과 같다(다음 내용은 하나의 사례일 뿐 모든 사업에 동일하게 적용되는 것은 아니다).

No.	내 용
1	결의 기준: 발행주식 총수의 [　]% 혹은 [　]/[　] 이상의 수에 대한 결의
2	정관의 개정 및 변경
3	합병, 조직변경, 해산, 청산의 관한 사항
4	주주 간 예정된 출자금액을 초과하는 자본의 증가, 감자 등 자본변경에 관한 사항
5	자금차입, 채무부담, 담보제공 관련 계약의 체결, 변경, 해지
6	주요 사업 계약의 체결, 변경 및 변경에 영향을 미치는 행위의 결정
7	이사, 감사의 해임, 이사회 구성의 변경과 관련한 사항
8	회사의 영업의 전부 또는 중요한 일부의 양도
9	도산 관련 절차의 신청
10	회사를 상대로 하거나 회사가 제기한 소송 등 분쟁에 관한 최종 합의 등

　　주주 간 협약은 사업의 시작부터 종료까지 이어지는 유일한 계약이며, 이어지는 글에서 설명할 주요 사업계약을 체결하는 데 있어서 기준을 만드는 중요한 내용을 담게 된다. 이제 주주 간 협약을 기반으로 체결하게 될 나머지 주요 사업계약을 하나씩 살펴보자.

EPC 계약

: 건설을 책임질 파트너를 결정하다

EPC는 Engineering-Procurement-Construction의 약어다. 즉, EPC 계약은 재생에너지 발전소를 건설하기 위해 필요한 '설계-기자재 구매(조달)-시공' 과정에 대한 전체적인 내용을 담은 계약을 의미한다.

EPC 계약을 체결하는 방식은 크게 2가지로 설계와 기자재, 시공에 대해 각 영역별 별도로 계약을 진행하는 '분리 발주 계약(Multi Contract)' 방식과 모든 과정을 통합하여 대표 건설 기업과 체결하는 'EPC 총액확정(EPC Lump Sum Turn-key)' 방식이다. 'EPC 총액확정' 계약은 흔히 'EPC 턴키' 계약이라고 줄여서 칭하며, 말 그대로 건설사가 설계부터 기자재 구매, 시공까지 모든 과정을 확정된 계약금액과 일정 내에 책임 있게 수행하고 계약 상내방인 SPC에게 발전소를 가동시키는 시동 키를 넘겨준다는 의미를 담고 있다. 그럼 2가지 계약 방식의 장단점에 대해서도 알아보자.

1) 분리 발주 계약 방식

건설의 주요 과정을 분리하여 계약을 맺는 분리 발주 계약 방식의 장점을 먼저 살펴보면, 사업자가 각 영역별 최고의 전문기업과 최적의 조건으로 계약을 체결할 수 있다는 것이다. 설계를 최적의 조건에서 가장 잘 수행할 수 있는 기업을 선택하고 나머지 기자재 구매와 시공에서도 같은 프로세스를 거친다면 투자비도 절감하면서 발전소의 성능도 최대치로 만들어낼 수 있는 계약 방식인 것이다. 허나 모든 것에는 양면이 존재하듯 분리 발주 계약 방식에도 단점이 존재한다. 바로 사업자가 건설 과정에서 발생할 수 있는 모든 리스크를 직접 해결해야 하고 준공 일정도 준수해야 한다는 것이다.

예를 들어보자. 사업자는 직접 선택한 기자재 업체와 이번 달 말까지 발전소에 설치될 풍력 발전기를 납품받기로 계약을 했다. 이에 맞춰서 시공을 담당할 건설사에게는 다음 달부터 발전기 설치 공사를 시작하기 위한 관련 준비 사항을 마치도록 했다. 그런데 해외에서 들어오는 풍력 발전기가 해상 조건의 악화로 예정된 도착 일정을 맞추지 못하고 말았다. 시공사는 언제 도착할지 모르는 풍력 발전기를 기다리며 계속 장비와 인력을 대기시켜야 하는 상황이 발생한 것이다. 물론 이와 같은 상황을 대비하기 위해 기자재 업체와 일정 지연에 대한 손해 배상 내용을 담아 계약하고, 별도로 보험도 가입한다. 하지만 손해 배상과 보험으로 인한 처리 과정을 사업자가 해결하고, 계획했던 사업 일정도 이해관계자들과 다시 조정하기 위한 협의 과정을 직접 다 진행해야 하는 어려움이 존재하게 된다.

실제 분리 발주 계약 방식은 재생에너지 사업을 운영 단계까지 완료해본 경험이 많은 사업자가 최적의 수익을 창출하기 위한 계약 방식으로 선호한다. 아직 사업 경험이 부족한 사업자라면 다음으로 설명할 EPC 턴키 방식으로 계약을 체결하는 것이 현실적인 방법이다.

2) EPC 총액 확정(턴키) 방식

EPC 턴키 계약은 분리 발주 계약 방식과는 반대로 건설의 모든 과정을 계약 상대방인 건설 기업이 책임지고 수행하는 계약 방식을 뜻한다. 이에 따라 사업자는 건설 과정에서 발생할 수 있는 다양한 리스크를 건설사의 책임 준공 의무로 해결할 수 있다. 턴키 계약을 체결한 건설사는 발생하는 리스크를 해결하면서 계약서에 반영된 고정금액으로 계약 일정까지 재생에너지 발전소를 준공하여 사업자에게 인계해야 한다.

EPC 턴키 계약 역시 사업자 입장에서 단점이 존재한다. 바로 계약 금액이 높아진다는 것이다. 건설사가 리스크를 해결해야 하는 만큼 이에 따른 리스크 프리미엄이 더해지는 것이다. 또한 공사 과정에서 지역 주민의 민원에 의해 일정이 지연될 위험이 발생하면 계약 내용에 대한 해석에 대해서도 양 당사자 간 분쟁이 발생하기도 한다. 해당 민원이 사업 자체에 대한 민원인지 공사 과정에서 발생하는 어떤 사유에 대한 민원인지 구분하기 애매한 경우가 생길 수 있기 때문이다. 그래서 실제 사업을 추진할 때는 이러한 경우를 대비하기 위해 EPC 턴키 계약을 체결하는 건설사가 사업자로 참여하기도 한다. 특히 대규모 사업의 경우는 처음부터 사업자로 함께할 건설사를 선택하는 경우가 흔하다. 건설사로서의 역할에 더해 사업자의 위치에서 리스크를 책임지고 해결해 달라는 무언의 요구인 것이다.

O&M 계약
: 발전소를 운영하고 관리할 전문기업을 선정하다

O&M(Operation & Maintenance) 계약은 단어의 의미처럼 발전소를 운영하고 관리하기 위해 전문기업과 체결하는 계약이다. 주로 재생에너지 발전소의 매출을 결정하는 전력생산량과 관련된 보증사항 등이 계약의 핵심 내용으로 포함된다.

우선 운영(Operation)과 관련된 내용을 알아보자. 해당 계약은 발전소의 전체적인 운영에 대한 계약이며 주로 사업에 주주로 참여한 RPS 의무대상자가 SPC와 계약을 체결한다. 일반적으로 RPS 의무대상자가 대규모의 화력(원전, 석탄, LNG 등) 발전소를 운영해본 경험과 노하우를 보유하고 있기 때문에 재생에너지 발전소 또한 이들이 주로 운영을 담당하게 된다.

태양광 사업의 경우는 운영이 간단하기 때문에 EPC 기업이 O&M 계약을 동시에 체결하는 경우도 많이 있다. 재생에너지 사업의 운영사가 전력생산과 관련해서 보증하는 내역은 발전원에 따라 차이가 있으며, 여기서는 태양광과 풍력을 중심으로 알아보겠다.

먼저 태양광 사업의 경우 운영사는 일평균 발전시간을 보증한다. 이때 기준이 되는 일평균 발전 시간은 개발 자금 용도로 금융 기관을 통해 조달한 대출의 원리금 상환을 문제없이 할 수 있는 수 준에서 결정된다. 말 그대로 최소한 사업의 대출은 상환할 수 있는 발전량을 운영사가 보증한다는 것이다.

운영사 입장에서는 햇빛이 땅에 닿는 시간과 에너지량을 보증 한다는 게 쉽지 않은 게 사실이다. 하지만 국내에 가장 많이 설치 된 태양광 발전소들의 평균 발전 시간을 감안하고, 향후에도 이러 한 추세가 급격히 변하지 않을 거란 신뢰를 바탕으로 보증을 진행 하고 있다. 실제 국내 태양광 사업의 경우 운영사가 일평균 발전 시간을 보증하며, 이는 금융 조달을 위한 조건으로 적용되고 있다.

풍력 사업의 경우는 매 시간 불어오는 바람의 조건(풍속, 풍향 등) 을 보증하는 것이 어렵기 때문에 주로 풍력 발전기가 가동되는 시 간(가동률)을 보장한다. 가동률은 말 그대로 연간(8,760 시간) 기준으 로 풍력 발전기가 가동되어 전력을 생산한 시간을 의미한다.

물론 연간 8,760시간은 이론상 기준이다. 현실에서는 바람이 불지 않는 시간도 있고, 발전소 유지 보수를 위해 가동을 멈춰야 하는 시간도 존재하기 때문이다. 이에 따라 연간 기준시간에서 차 감해야 하는 여러 상황들을 운영계약에 반영한다. 일반적으로 연 간 기준 시간을 정하는 데 반영되는 예외 조항은 아래와 같다.

〈표2. 풍력 발전기 가동률 계산 시 연간 기준 시간에서 제외되는 조항〉

No.	내 용
1	평균 풍속을 기준으로 풍력발전기의 운전가능 풍속 범위를 벗어난 경우
2	사업자 혹은 한국전력의 요청에 따라 정지된 경우
3	국가기관 혹은 유관기관 등의 요청에 따라 정지된 경우
4	전력계통 고장 등으로 운전이 불가능한 경우
5	홍수, 폭동, 테러, 전쟁 등 불가항력 상황 등
6	유지 보수 계약에 따른 정기 점검 시간
7	기타 정지 사유가 명백히 운영사의 귀책 사유가 아닌 경우 등

실제 풍력 사업에서 가동률을 보장하는 수치는 경우에 따라 다르나, 평균적으로 약 95%이상 운영사가 보증하고 있다.

다음으로 관리(Maintenance) 계약을 살펴보자. 관리계약은 태양광과 풍력 사업 모두 발전소에 설치되는 기자재(태양광은 패널, 풍력은 발전기)를 제작하여 공급한 기업과 체결하게 된다. 실제 제품을 만든 회사가 유지 보수를 할 수 있기 때문이다. 일반적으로 관리 계약을 체결한 기업은 기자재의 자체 성능을 보장한다. 햇빛이 태양광 패널 일정 면적에 닿았을 때, 바람이 특정 속도로 불어 풍력 발전기가 가동됐을 때 생산되는 전력량을 보증하는 것이다. 이에 따라 보증치에 미달할 시에는 계약서에 반영된 기준에 따라 손해 배상을 하게 된다. 관리 계약을 체결할 때 또 다른 중요한 사항은 향후 유지 보수를 위한 예비품을 적절하게 구비하는 것이다. 재생에너지 사업은 20년 이상 장기간에 걸쳐 운영 관리를 해야하기 때문에 기자재 고장이 발생할 시 이를 대체할 수 있는 예비품(재고)를 보유하고 있어야 한다. 기자재를 만드는 기술이 계속 발전하면서 기존 제품이 어느 순간 단종되어 더 이상 생산되지 않을 수 있기에, 적정 재고량을 협의하고 계약에 반영하는 것이 관리 계약 체결에 있어서 중요한 포인트이다.

REC 계약
: 수익 창출의 한 축인 REC 매출을 확정하다

REC는 '3단계_사업성 검토 방법'에서도 설명했듯이 재생에너지 발전소를 통해 생산된 전력의 판매 가격을 구성하는 한 축이다. 매출의 다른 한 축인 SMP가 매 시간 다르게 결정되는 것과 달리 REC는 매수자와의 계약을 통해 발전소의 매출이 일정 수준에서 고정될 수 있는 방식으로 판매한다.

REC 계약은 일반적으로 RPS 의무를 이행하기 위해 REC를 구매하는 발전 기업들과 체결하며, 최근에는 RE100 이행을 선언한 기업들과도 직접 체결하고 있다. REC 계약은 일반적으로 이어지는 글에서 설명할 2가지 방식 중 하나를 선택하여 계약을 진행한다.

1) SMP + 1REC = 고정가격 계약

본 계약 방식은 재생에너지 발전원과 사업의 규모 등에 따라 다르게 적용되는 REC 가중치를 고려하지 않고 단순히 1REC를 기준으로 고정가격을 결정하는 계약 형태이다. 즉 SMP의 변동에 따라 매출이 달라지는 구조이다.

예를 들어보자. 건물 옥상에 설치되는 1MW 규모의 태양광 사업 REC 매매계약을 SMP+ 1REC 고정가격 170원/kWh 조건으로 계약하였다. 건물 등 기존시설물을 활용하여 설치되는 태양광 사업중 규모가 3MW 이하일 때 REC 가중치는 1.5로 동일하다. 해당 사업이 SMP 가격 변동에 따라 어떻게 구성되는지 계산해보면 다음과 같다.

계약 기준 :

SMP 100원, 1REC 70원일 때 1kWh당 매출 : $100 + 70 \times 1.5 = 205$

사례 1 :

SMP가 100원에서 120원으로 상승하는 경우 (SMP 120원, REC 50원 적용) : $120 + 50 \times 1.5 = 195$

사례 2 :

SMP가 100원에서 80원으로 하락하는 경우 (SMP 80원, REC 90원 적용) : $80 + 90 \times 1.5 = 215$원

위의 사례별 계산값을 살펴보자. SMP+1REC 기준 고정가 계약을 체결하고, 해당 사업의 REC 가중치가 1보다 크게 되면 SMP가 내려갈 때 매출이 늘어나고, SMP가 올라가면 매출이 줄어드는 결

과가 발생한다. 즉, SMP가 장기적으로 상승할지 하락할지 예상 가능하다면 본 계약 방식으로 사업의 수익을 늘리는 것이 가능하다. 만약 REC 가중치가 1보다 작은 사업이라면 위의 결과와 반대로 SMP가 상승할 때 매출이 더 늘어나는 결과를 가져오게 된다.

2) SMP + REC × 가중치 = 고정가격 계약

두 번째 REC 계약 방식은 앞서 계산에 고려한 REC 가중치까지 포함하여 단일가격으로 계약을 맺는 형태이다. 이러한 방식은 매일 시간 단위로 변하는 SMP의 변동에 영향을 받지 않고 오직 발전소에서 생산되는 전력량 변동에 따라서만 매출이 달라진다. 즉, 사업의 매출을 운영기간 동안 동일하게 고정시키는 효과를 발생시켜 사업의 안정성을 확보할 수 있다. 이러한 장점으로 사업자는 운영 관리에 집중해서 전력 생산량을 극대화하는 데 집중할 수 있게 된다.

여기에 더해 재생에너지 사업에 투자하는 금융기관은 투자 대상 사업의 현금흐름이 안정적인 것을 선호한다. 특히 대규모 사업의 경우는 금융기관이 대출해준 돈을 제대로 상환 받을 수 있을지 매출과 비용의 현금흐름을 예측하기 위해서 REC 가중치를 포함한 고정계약 방식을 사업자에게 요구하기도 한다. 결과적으로 소규모 재생에너지 사업을 제외하고는 REC 가중치를 포함한 고정가격 계약 방식이 주로 적용되고 있다.

4장

재생에너지 사업개발을 위한 금융조달 원칙

프로젝트 파이낸스의
정의와 특징

금융조달은 재생에너지 사업의
필수 과정이다

재생에너지 사업을 하면서 금융기관으로부터 자금을 조달하는 과정은 이제 사업자라면 누구나 이해해야만 하는 필수적인 사항이라 할 수 있다. 태양광 사업의 경우 평균적으로 MW 규모당 약 15억 원의 투자비가 들어간다. 육상 풍력은 25억, 해상풍력은 50억이 넘는 자금이 소요되기 때문에 사업자가 자기 자본만 가지고 MW급의 재생에너지 사업을 한다는 것은 현실적으로 매우 어렵다.

개인들이 재테크를 위해 kW급 소규모 태양광 발전 사업을 하는 경우에도 자기 자본에 대한 수익률을 높이기 위해 대출 레버리지를 활용하곤 한다. 이 말은 즉, 재생에너지 사업자는 금융조달 과정을 반드시 이해해야 하고 최대한 활용할 수 있는 노하우를 구축해야 한다는 의미다.

재생에너지 사업과 같이 특정 프로젝트를 추진하기 위해 금융기관으로부터 자금을 조달하는 것을 전문용어로 프로젝트 파이낸스, PF라고 한다. 이제 프로젝트 파이낸스, PF가 어떤 내용인지 정의와 특징에 대해서 먼저 알아보도록 하겠다.

프로젝트 파이낸스의 정의

프로젝트 파이낸스는 특정 사업(프로젝트)으로부터 만들어지는 예상 가능한 미래 현금흐름을 바탕으로 자금을 조달하는 방법을 말한다. 여기서 예상 가능한 미래 현금흐름이라는 말에 주목해야 한다. 만약 금융 조달을 해야 하는 재생에너지 사업의 향후 매출과 비용이 예상되지 않는다면 금융기관으로부터 자금을 조달할 수 없다는 의미이다. 사업의 미래 현금 흐름을 예측할 수 있게 구조화해서 대출을 실행하는 것이 프로젝트 파이낸스의 핵심이다.

프로젝트 파이낸스는 기존 실적이 없고 건설과 향후 운영을 통해 수익을 창출해야 하는 특정 프로젝트에 대출을 하게 된다. 그렇기 때문에 금융기관에서는 일반적인 기업 금융보다 대출 상환 가능성에 대해 더 깊게 오랜 기간에 걸쳐 분석을 진행한다. 그럼 다음으로 프로젝트 파이낸스의 특징에 대해 살펴보며, 기업 금융과의 차이점에 대해서도 좀 더 자세히 알아보자.

일반적으로 처음 PF라는 단어를 접하게 되면 자기 자본을 적게 투입하고, 금융기관으로부터 많은 자금을 대출받아 사업을 진행하는 것으로 생각하게 된다. 물론 이러한 개념이 틀린 것은 아니다. 실제 태양광 사업은 평균적으로 자기 자본 비율이 10~15% 수준이다. 그럼 여기서 한 가지 의문을 가질 수 있다. 아직 실적과 신용이 없는 재생에너지 사업에 80%가 넘는 자금을 대출해줄 수 있는 어떤 근거가 있지 않을까 말이다. 이 궁금증에 대한 답은 프로젝트 파이낸스의 특징을 이해하면 알 수 있다. 프로젝트 파이낸스의 특징에 대해서 간단히 먼저 정리하면 아래와 같다.

〈프로젝트 파이낸스의 6가지 특징〉

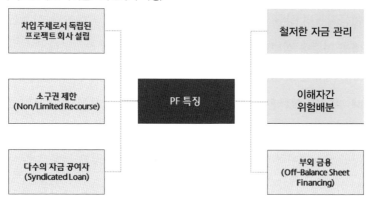

1) 차입 주체로서 독립된 프로젝트 회사 설립

먼저 프로젝트 파이낸스는 대출을 받는 차입 주체로서 독립된 프로젝트 회사(SPC)를 설립해서 진행하게 된다. 프로젝트 파이낸스는 개별 사업(프로젝트)의 예상되는 미래 현금흐름을 기반으로 한 금융 기법이기 때문에 사업자가 영위하고 있는 다른 사업과는 완전히 분리하여 현금흐름이 분석되어야 한다. 즉, 사업과 관련된 재무제표가 독립적으로 작성되고 관리되는 운영구조가 만들어져야 대출이 가능하다. 이는 이전 글에서 설명한 사업개발 프로세스에서 SPC를 설립해 재생에너지 사업을 추진하는 것과 맥을 같이한다고 이해하면 된다.

2) 소구권 제한

소구권이란 재생에너지 사업 자금으로 사용된 대출금에 대한 금융기관의 상환 청구권이다. 여기서 소구권이 제한된다는 것은 대출 자금을 상환해야 하는 의무를 사업 법인인 SPC에 한정하고, SPC의 주주로 참여한 사업자에게는 면제 혹은 제한된다는 뜻이다. 소구권 제한은 사업자에게 대출 상환에 대한 무한 책임을 지우지 않아 사업자 입장에서 다소 유리한 금융기법이라 할 수 있다. 반면 금융기관에서는 대출 상환이 제대로 되지 않는 경우가 발생할 가능성을 없애기 위해 대출 원리금 상환에 대한 가능성을 더욱 철저히 검증하고 투자를 진행한다.

3) 다수의 자금 공여자

프로젝트 파이낸스는 일반적으로 대규모 에너지, 건설, 부동산, 자원개발 사업 등에 주로 사용되는 금융기업이다. 대규모 사업의 경우 어느 한 금융기관이 단독으로 대출하기에 금액이 너무 클 수도 있고, 단독으로 대출이 가능한 금액이라고 하더라도 사업 실패 시 손해를 감당해야 할 리스크가 너무 크기 때문에 리스크를 분산하는 차원에서 다수의 금융기관이 함께 투자를 진행한다.

4) 철저한 자금관리

철저한 자금관리는 현재 실적이 없는 재생에너지 사업 법인(SPC)에 많은 자금을 대출해줄 수 있는 주요 특징이라고 할 수 있다. 프로젝트 파이낸스는 금융 계약을 체결한 시점부터 대출금이 전액 상환될 때까지 금융기관에 의해 모든 현금 흐름을 관리받게 된다.

대출금이 입금되는 계좌부터 수입, 비용, 부채 상환, 보험, 배당 관련 모든 계좌를 통제하고 관리한다. 이렇듯 철저하게 사업의 현금흐름을 관리하다 보니 금융기관이 많은 대출을 실행할 수 있는 것이다.

5) 이해관계자 간 위험배분

재생에너지 사업에는 주주인 사업자부터 EPC, O&M, REC, 금융기관 등 다양한 이해관계자가 참여하고 고유의 역할을 수행하게 된다. 이때 각 이해관계자는 담당하게 될 영역에서 발생하는 리스크를 책임지고 해결해 나가게 된다. 이러한 리스크 해결에 대한 책임과 범위는 이전 글에서 설명했던 주요 사업 계약에 반영된다. 이렇게 사업자 단독이 아닌 건설, 운영의 전문기업이 함께하며 재생에너지 사업의 밸류체인상 발생하는 리스크를 분산하고 해결함으로써, 프로젝트 파이낸스를 통해 많은 자금을 대출받을 수 있게 된다.

6) 부외금융

재생에너지 사업의 모든 현금흐름 및 채무 관계가 사업자의 모기업 재무제표에 반영되지 않는 것을 의미한다. 이로써 사업자는 모기업의 부채 비율이 늘어나지 않고도 대규모 재생에너지 사업을 진행할 수 있는 이점을 보유하게 된다. 현재는 회계법상 연결회계를 적용받아 부외금융 효과가 제한되나, 자본시장법상 펀드를 이용한 투자로 부외금융 효과를 만들어가고 있다.

기업 금융과의 차이점

기업 금융이란 이미 운영되고 있는 회사의 기존 실적으로 만들어진 신용을 바탕으로 대출을 해주는 것이다. 흔히 운영 자금이 필요한 기업이 신용도에 따라 회사채를 발행하고 금융기관이 회사채를 인수하는 과정이 기업 금융의 대표적인 형태이다. 프로젝트 파이낸스와 기업금융의 차이점에 대해 정리해보면 아래와 같다.

│ 〈프로젝트 파이낸스와 기업 금융의 차이점 정리〉

	프로젝트 파이낸스	기업 금융
차주사	• 신설 프로젝트 회사 (SPC)	• 기존 기업
사업성 분석대상	• 프로젝트 자체 현금흐름 및 보유자산	• 전반적인 기업 신용도 및 보유자산
대출금 상환재원	• 프로젝트 수입 (Cashflow)	• 기업 상환능력
소구권	• Limited or non-recourse	• Full-recourse
채권보전 방안	• 프로젝트 자산 • 프로젝트 참여자 직간접 보장 등 지원 • 주요 계약상 권리 양도담보	• 기업 전체 자산에 대한 물적담보 • 모기업 또는 관계회사 연대보증 등
대출 기간	• 프로젝트 사업 특성에 따라 결정 (일반적으로 10년~20년 이상 장기)	• 대출 용도에 따라 결정 (운영자금대출 3년 이내, 시설자금대출 5년~7년)

대출을 위한 사업성 분석 대상이 프로젝트의 현금흐름과 기업의 신용도라는 차이점 외에도 소구권에 대한 제한 혹은 면제 여부, 대출 기간 등이 주요한 차이점이다. 흔히 프로젝트 파이낸스는 철저한 자금관리를 통해 만기가 10년 이상인 대출을 실행한다. 반면, 기업 금융으로 투자된 자금에 대해서는 금융기관이 사용처에 대해 별도로 관리를 하지 않기 때문에 운영자금 용도는 3년 내, 시설자금 용도는 5~7년 내 만기가 도래하는 중단기 형태로 대출이 이뤄진다.

금융 자문 및 주선사의 역할과
금융 조건의 이해

금융 조달 과정의 시작
: 금융 자문·주선사 선정

앞서 금융 조달(프로젝트 파이낸스)의 개념과 특징을 살펴봤으니 이제 본격적으로 금융 조달이 진행되는 과정을 알아보자. 금융 조달을 위해 사업자가 가장 먼저 해야 하는 것은 금융 조달 전체 과정을 이끌어줄 파트너를 선정하는 것이다. 우리는 이 파트너를 금융 자문·주선사라 한다. 금융 자문·주선사는 사업의 장·단점을 파악하여 최적의 금융 구조를 기획하고 재생에너지 사업에 투자하는 금융기관들로부터 자금을 조달하는 역할을 수행한다. 금융 자문·주선사를 선정하는 방식은 각 사업자의 내부 기준과 사업의 규모 등을 고려하여 결정된다. 여기서는 RPS 의무이행 대상 기업들이 주주로 참여하는 사업을 기준으로 설명하겠다.

RPS 의무이행 대상 기업은 주로 공기업과 대기업으로 구성되어 있기에 경쟁 입찰 방식으로 금융 자문·주선사를 선정한다. 경쟁 입찰 방식은 다시 크게 2가지로 나뉜다. 첫 번째 공개 입찰 방식이다. 공개 입찰은 말 그대로 재생에너지 사업의 금융 자문·주선사로 역할을 수행할 수 있는 금융기관은 제한 없이 입찰에 참여할 수 있다. 공개 입찰의 경우는 입찰 공지 후 많은 금융 기업들이 사업에 대해 충분히 숙지하고 입찰할 수 있도록 최소 1개월 이상 모집 기간을 설정한다. 공개 입찰은 시중은행 같은 대형 금융기관부터 작은 금융기관도 참여를 하기 때문에 대규모 사업보다는 100MW를 넘지 않는 중소 규모의 재생에너지 사업에서 주로 활용되고 있다.

두 번째는 지명경쟁입찰 방식이다. 이는 사업자가 추진하고 있는 사업의 규모와 특성에 맞춰 금융 자문·주선사의 역할을 가장 잘 수행할 수 있는 몇 개의 금융기관을 사업자가 사전에 선정하여 진행하는 것을 말한다. 몇천 억에서 조 단위의 대규모 자금조달이 필요한 사업의 경우 금융 자문·주선사가 금융 조달에 대한 경험과 대규모 자금을 모집할 수 있는 역량이 반드시 검증되어야만 한다. 이에 따라 사업자는 기존 금융 조달 실적과 자체 투자 역량 등을 고려하여 평균 4~5개 금융기관을 선정, 제한된 경쟁 입찰을 진행한다.

이러한 입찰 과정에서 금융기관들은 사업자로부터 제공받은 자료를 검토하고 질의응답 과정을 거쳐 금융 조달 제안서를 작성 및 제출한다. 입찰 기한이 종료되면 사업자는 내부 기준에 맞춰 제안서를 평가하게 된다. 제안서 평가 시 사업자가 필요하다 판단할 경우 입찰에 참여한 금융기관으로부터 직접 금융 조달 계획안에 대한 설명을 듣고 질의하는 과정이 포함되기도 한다. 이후 공정한 평가를 통해 최종적으로 금융 자문·주선사를 선정하게 된다.

금융 자문·주선사의 역할

다음으로 사업의 금융 파트너로 선정한 금융 자문·주선사의 주요 역할을 알아보자. 먼저, 금융 자문사로서 가장 중요한 역할은 사업자가 체결하게 되는 주요 사업 계약 내용이 금융 조달 과정에 문제가 되지 않도록 리뷰하고 조언하는 것이다. EPC, O&M, REC 계약에서 사업의 수익과 직결되는 보증 내역, 손해배상 등의 항목은 금융기관이 대출을 실행하는 데 있어서 직접적인 영향을 미치는 내용이다. 따라서 사업자는 이러한 계약 내용이 금융 조달에 문제가 없도록 금융 자문사의 최종 검토 의견을 반영하여 계약을 체결해야 한다.

금융 자문사로서 주요 사업 계약에 대한 자문이 완료되고 계약이 체결되면, 이를 바탕으로 실제 자금을 조달하기 위한 금융 조건을 준비한다. 조달이 필요한 총금액과 금리, 기간, 기타 조건을 사업자와 협의하여 금융 조건 초안을 작성하는 것이다. 금융 조건 초안이 마련되면 사업의 수익성을 검토하고 대출 원리금 상환에 문제가 없는지 다시 분석한다. 만약 이때 원리금 상환에 문제가 있다고 판단되면 사업자와 다시 조건을 논의하고 확정한다. 여기까지가 금융 자문사로서의 역할이다.

　사업자와 금융 조달을 진행할 조건을 완성하는 단계에 이르면 이제 금융 자문사에서 금융 주선사의 역할로 넘어가게 된다. 금융 주선사는 사업자와 협의된 조건을 바탕으로 자금을 실제 조달하는 업무를 수행한다. 이를 위해 재생에너지 사업의 투자를 진행하는 금융기관과 미팅을 진행하고 사업 관련 자료를 제공한다. 이때 대규모의 자금조달이 필요한 경우에는 예비 투자자들(대주, 대주단)을 한자리에 모아 사업 설명회를 진행하기도 한다. 사업 설명회 자리에는 사업자도 같이 동석하여 예비 대주단의 질의 사항에 대해 금융 주선사와 같이 대응하고, 사업의 장점에 대해 더 자세히 설명할 수 있는 기회도 가진다.

　사업에 대한 자료를 각 예비 대주에게 제공하고 설명회도 마치게 되면 이제 예비 대주가 내부적으로 대출을 진행하기 위한 승인 프로세스를 거치게 된다. 이 과정에서 일부 금융 조건에 대해 수정이 이뤄지기도 한다. 하지만 대부분 미세한 조정이고, 큰 틀에서는 기존에 협의된 금융 조건으로 투자가 진행된다. 만약 금융 조건 수용이 어려운 대주가 발생할 경우는 이를 대체할 다른 대주를 금융 주선사가 별도로 접촉하여 모집하며, 이를 통해 금융 조달 과정을 완수하게 된다.

금융 자문·주선사를 선정하였다면, 사업자는 금융 자문·주선사가 함께 금융 조달을 위한 조건을 만들게 된다. 사업자는 그동안의 사업 진행 과정과 관련 자료를 공유하고 금융 자문·주선사는 이를 바탕으로 금융 거래 조건(금융 Term-Sheet)을 작성하게 된다. 금융 Term-Sheet은 크게 일반사항, 대출 약정, 채권 보존, 자금관리 파트로 나뉘게 된다.

일반사항은 말 그대로 사업의 개요부터 각 이해관계자, 총사업비의 주요 구성 내역 등을 담게 된다. 대출 약정은 실질적인 금융조건을 담은 부분으로 조달금액, 이자 관련 내용 등으로 구성된다. 채권 보전은 사업의 자산을 담보로 제공하는 내용을 정의하고, 마지막으로 자금관리 파트에서는 사업의 법인인 SPC가 개설해야 하는 자금 계좌와 계좌 간 자금이 이동하는 기준을 정하게 된다. 여기서는 가장 중요한 파트인 대출 약정과 채권 보전에 대한 내용을 좀 더 자세히 알아보도록 하겠다.

1) 대출 약정

대출 약정 파트에는 대출금의 최초 인출부터 최종 상환까지 일어나는 거래에 대한 기준을 담고 있다. 먼저 인출 관련 내용을 살펴보면 대출금을 인출할 수 있는 기간부터 인출 가능일, 인출 가능 금액 등의 조건을 정하게 된다. 일반적으로 금융 계약을 체결한 후 대출금을 인출할 수 있는 기간은 EPC 계약에 명시된 준공 예정일을 기준으로 약 3~6개월 후까지 가능하다. 사업을 진행하면서 대출금을 인출할 수 있는 일자와 금액도 대출 약정에 정해지게 된다. 대출금은 사업자가 원할 때마다 인출을 할 수 있는 게 아니라 보통 매월 1회 지정된 날, 혹은 분기별 1회 지정된 날에 필요한 금액만큼만 인출이 가능하다.

다음으로 대출금을 인출할 때마다 적용되는 이자와 지급일, 지급 방법 등이 대출 약정 조건에 포함된다. 이자는 보통 변동금리와 고정금리로 구성되며 대출의 성격상 선순위 대출과 후순위 대출에 따른 이자율 차이도 반영된다. 여기서 선순위 후순위의 의미는 대출이 실행된 이후 실제 상환이 되는 순서를 의미한다. 일반적으로 재생에너지 사업의 투자금이 투입되는 순서를 보면 사업자가 부담하는 자기 자본이 가장 먼저 투입된다. 다음으로 후순위 대출 금액이 투입되고 마지막으로 선순위 대출금이 사업에 쓰이게 된다. 선순위 대출은 투입은 마지막에 되었지만 상환 시에는 후순위 대출금보다 먼저 상환을 받게 된다. 즉, 금융기관 입장에서 가장 리스크가 낮은 대출이 되고 당연히 후순위 대출보다 이자율이 낮게 정해진다.

마지막으로 상환 관련 조건을 보자. 여기서는 상환의 기간과 방법이 정해진다. 대출 기간 중 이자만 지급하는 거치 기간과 원금이 상환되는 방법(원금균등상환, 원리불균등 상환 등)이 결정되고, 조기상환에 대한 기준도 반영된다. 일반적으로 거치 기간은 공사가 예정된 기간에 맞춰 동일하게 설정되고, 운영에 돌입하면 원금도 상환하는 구조를 가진다. 조기상환 조건 관련하여 금융기관에서는 사업자가 자발적으로 일정 기간 내 조기상환을 하면 수수료를 페널티로 부과하고 있다. 금융기관 입장에서 프로젝트 파이낸스는 장기간에 걸쳐 이자 수익이 발생하는 영업활동이다. 만약 조기에 자금이 상환되면 계획했던 수익을 달성하지 못하는 리스크를 가지게되는 것이다. 따라서 금융기관은 수익이 줄어드는 리스크를 차단하기 위해 사업자가 자발적으로 조기 상환을 하는 경우 수수료를 부과하게 된다.

2) 채권 보전

프로젝트 파이낸스는 예상되는 미래 현금흐름을 1차 상환 재원으로 하는 금융 기법이지만, 대출금 상환에 대한 안정성을 강화하기 위해 사업의 모든 자산과 권리를 담보로 설정하게 된다. SPC가 발행하는 주식과 자금 계좌에 근질권을 설정하고, 발전소 및 부속시설에 대한 담보도 설정한다. 주요 사업 계약 및 SPC의 권리와지위에 대한 양도 담보도 설정하여 대출금 상환이 되지 않을 경우자산과 사업 권리를 처분하여 최대한 대출금을 회수할 수 있는 안전장치를 마련하는 것이다. 또한 PF 시, 사업자에게 대출 상환에대한 의무가 면제 혹은 제한되기 때문에 최소한 재생에너지 발전소가 완공되어 운영을 할 수 있는 단계까지는 사업자가 책임지고완수하는 내용의 약정서를 받는다.

간혹 주변에 보면 공사가 중지되고 유치권이 설정되었다는 현수막이 걸린 건물을 볼 수 있다. 이러한 모습이 금융기관 입장에서 가장 우려하는 경우이다. 재생에너지 사업에서도 마찬가지로 대출금이 사용된 후 공사가 중지되어 발전소가 가동되지 못하는 상황을 막기 위해 사업자로부터 관련 내용을 담은 약정서를 받는다. 사업자가 금융기관에 제출하는 약정서의 주요 내용은 아래 표와 같다.

〈표1. 사업자가 금융기관에 제출하는 주요 약정 내용〉

구 분	내 용
자본금	사업자는 정해진 자본금을 100% 납입할 의무를 가진다.
EPC	사업자는 EPC사가 계약상 정해진 준공예정일까지 사업시설을준공할 것을 확약하는 책임준공확약서를 금융기관에 제출토록 한다.
REC	REC 구매사는 계약 기간 동안 의무적으로 REC를 구매토록 한다.
추가 출자	건설기간 초과 사업비가 발생하는 경우 사업자는 지분비율에 맞춰 추가 출가를 실행한다.

사업자는 약속된 자본금을 납입하여 의무를 이행하고, 건설과 운영 기간 발생할 수 있는 리스크를 각 이해관계자에게 배분하여 사업자가 부담해야 할 손실을 최소화해야 한다. 이렇게 모든 준비가 완료되었을 때 많은 투자금을 장기간에 걸쳐 조달할 수 있는 프로젝트 파이낸스가 완성되는 것이다.

발전원별 특성에 따른 금융기관의
체크 사항을 이해하사

이전 글에서 설명한 금융 조달의 과정과 주요 조건은 대부분 재생에너지 사업에 공통적으로 적용되는 내용이라 할 수 있다. 하지만 재생에너지 발전소를 가동하는 동력원(햇빛, 바람 등)의 특성에 따라 금융기관이 바라보는 사업 리스크에는 일부 차이가 존재한다.

해가 뜨는 시간은 지구의 자전에 의해 어느 정도 정해져 있고, 바람은 얼마나 지속할지 예측하는 게 쉽지 않다. 발전원에 따라 MW 사업 규모당 투입되는 투자비도 다르고, 인허가와 공사 기간도 차이가 난다. 즉, 금융기관이 바라보는 사업의 리스크에 따라 사업자가 준비해야 하는 사항도 다르고, 관련하여 주요 사업 계약도 금융 조달에 문제가 없도록 반영해야 하는 조건에 차이가 생기게 된다.

불과 10년 전인 2010년대 초반에만 해도 재생에너지 사업 투자를 심사하는 금융기관의 담당자들은 이런 질문을 하곤 했다.

"혹시 기후변화로 햇빛이 계속 안 비치고, 바람이 안 불면 사업은 어떻게 되는 겁니까? 바람이 장기간 불지 않을 수도 있는데 이 사업에 투자하는 게 맞는 겁니까?"

화력발전(원자력, 석탄, LNG 발전)과 달리 재생에너지 사업은 발전소의 가동 원료를 사업자가 제어할 수 없기 때문에 당연히 제기될 수 있는 질문이긴 하다. 하지만 해가 계속 안 뜨고 바람이 안 불 수도 있다는 가정으로 재생에너지 사업을 처음부터 부정적으로 바라본다면, 재생에너지 사업은 시작조차 할 수 없다.

실제 10년 전에만 해도 이러한 부정적 의견을 가지고 재생에너지 사업에 투자하지 않는 금융기관이 많이 있었다. 기후변화에 대응하기 위해 중요한 역할을 해야 하는 재생에너지 사업이 오히려 기후변화라는 리스크로 사업에 투자가 제대로 이뤄지지 않는 역설적인 상황이 발생하였던 것이다. 지금은 정부, 사업자, 금융기관 모두 재생에너지 사업과 관련하여 이해도가 높아졌기 때문에 이러한 원론적 질문과 걱정은 거의 사라졌다.

하지만 재생에너지 사업이 가지고 있는 본질적인 리스크는 변하기 않았기에, 이러한 단점을 극복하고 지속적인 투자가 이뤄지려면 금융기관이 현재 재생에너지 사업을 바라보는 시각에 대해 좀 더 이해할 필요가 있다. 여기서는 태양광과 풍력 사업이 가지는 특징을 이해하고 이에 따라 금융 조달 시 금융기관이 주로 분석하고 평가하는 체크 사항에 대해 알아보도록 하겠다.

금융기관이 바라보는 재생에너지 사업 리스크 요인 및 대처 방안

1) 태양광 사업

현재 국내에 설치된 재생에너지 발전소의 비율을 발전원별로 살펴보면 태양광, 그것도 1MW 이하의 소규모 태양광 발전소가 가장 높은 비율을 차지하고 있다. 소규모 태양광은 사업개발 과정에서 발생할 수 있는 리스크가 가장 낮고, 금융투자가 활발하게 진행되었던 결과다.

금융기관에서도 태양광은 재생에너지 발전원 중 가장 리스크가 적은 사업으로 바라보고 있다. 10년이 넘도록 운영되어 온 태양광 발전소의 장기간 전력 생산량에 큰 변화가 없고 공사의 난이도가 높지 않으며, EPC 및 O&M 계약을 통해 대출 원리금 상환에 문제가 없는 수준으로 발전량 보증도 이뤄지고 있기 때문이다. 현 시점에서 금융기관이 바라보는 태양광 사업의 자체 리스크는 거의 다 해결이 가능하다고 판단된다(계통연계 등 사업 위치에 따른 별도 검토 사항은 제외).

다만 건물 옥상이나 지붕에 설치되는 태양광 사업의 경우는 한 가지 리스크 요인이 남아 있다. 바로 지상권 설정이 어렵다는 것이다. 지상권은 타인의 토지 위에 건물 또는 공작물을 소유하기 위한 권리로, 타인의 건물 위에 별도로 구분 지상권 설정을 하기 어렵다. 즉, 태양광 발전소를 설치한 후 임대한 건물의 건물주가 바뀌는 경우, 새로운 건물주가 태양광 발전소 운영에 반대하면 설치된 시설을 제거하거나 다른 곳으로 옮겨야 하는 것이다. 이러한 상황은 금융기관에서 치명적인 리스크로 판단할 수밖에 없다. 대출금 상환이 완료되기 전에 태양광 발전소가 없어질 수 있기 때문이다. 또한 자가 보유한 건물에 건물주가 직접 태양광을 설치할 때도 건물 구매시 금융기관으로부터 대출을 받아 근저당권이 설정되어 있다면 금융기관의 추가 승인을 받아야 해 실제 사업을 하기 어려운 경우가 발생한다.

대기업이나 안정적인 사업을 운영하는 우량한 기업이 소유한 건물에는 태양광 설치 시 이러한 리스크를 제거하는 여러 보증 조건을 바탕으로 그나마 사업을 추진해올 수 있었다. 하지만 우리 주위에 흔히 볼 수 있는 많은 건물들은 언제나 부동산 거래를 통해 주인이 바뀔 수 있기 때문에 금융기관이 건물 위에 설치되는 태양광 시설에 대출을 적극적으로 해주기 어려운 상황이다. 탄소중립

경제를 달성하고 많은 기업들이 RE100에 동참할 수 있기 위해선 이러한 건물에 태양광 설비를 설치하고 금융기관으로부터 투자를 받을 수 있는지 여부가 중요한 부분 중 하나이다.

현재는 앞에 언급한 이슈를 해결하기 위해 보험으로 리스크를 상쇄하면서 투자를 진행하고는 있다. 하지만 발생 가능성이 큰 리스크를 담보하는 보험은 당연히 보험료가 비쌀 수밖에 없다. 하루에 평균 3.5시간만 전력을 생산하는 태양광 사업에서 운영 비용을 절감하는 것은 목표 수익을 달성하는 데 매우 중요한 관리 포인트다. 만약 비싼 보험료를 계속 지불하면서 건물에 태양광 사업을 해야 한다면 사업지의 입장에서는 사업을 추진할 동력을 잃게 될 것이다.

최근 뉴스 기사를 보면 특정 지역의 산업단지나 집합 건물에 다양한 사업자가 협업하여 지붕형 태양광 사업을 추진한다는 내용도 접하게 된다. 단일 건이 아닌 규모의 경제를 통해 투자비를 낮춘다면 이 또한 지붕형 태양광 사업의 리스크를 줄일 수 있는 방안이 될 것이다. 앞으로 기술 발전을 통한 투자비 절감과 보험료 절감 방안 조성을 통해 지붕형 태양광 사업이 더 속도감 있게 전개되길 기대해본다.

2) 풍력 사업

풍력 사업은 태양광 다음으로 국내에서 가장 활발하게 추진되고 있는 재생에너지 사업이다. 현 정부에서도 2030년까지 태양광 사업과 풍력 사업의 전력 생산 비율을 6 대 4까지 달성하겠다고 선언했기 때문에 다양한 사업자와 금융기관에서도 이제 풍력 사업에 본격적으로 투자를 시작할 것으로 전망된다.

풍력 사업 투자 시 금융기관이 가장 중요하게 검토하는 부분은 예상되는 발전량(P50~P90 기준 발전량)의 정확도와 EPC 계약 방식 및 EPC사의 역량(신용도 등)이다. 풍력은 장기적으로 바람 조건을 예측하는 것이 쉽지 않기 때문에 3장(자원분석을 통한 발전량 산출 방법)에서도 살펴봤듯이 바람 데이터를 일정 기간 직접 수집해야 하고, 분석도 전문기관에 의뢰하여 결과를 산출한다. 금융기관에서는 여기에 더해 발전량을 최대한 더 보수적으로 설정한다. 90% 확률로 계산된 발전량을 기본으로 하여 대출을 진행하고, 일부 금융기관의 경우는 최대 99%까지 확실한 발전량을 기준으로 대출 원리금 상환에 문제가 없을지 분석하고 이러한 조건에 맞는 사업만 투자를 하기도 한다.

풍력 사업의 경우 EPC 계약의 방식도 금융기관에서는 중요하게 생각하는 기준이다. 특히 해상풍력처럼 사업 규모가 크고 최소 몇천 억에서 조 단위로 사업비가 투입되는 경우는 더욱 그렇다. 현재는 좋은 신용도와 업력을 보유한 건설사가 건설 기간 발생할 수 있는 모든 리스크를 감당하는 EPC 턴키 계약을 체결해야만 금융 조달이 가능한 상황이다. 아직은 국내의 발전 사업자가 대규모 해상풍력 사업의 건설 과정을 직접 관리하고 운영까지 해본 경험이 없는 초기 시장이기 때문에 이러한 요구 조건을 사업자가 수용해야 국내 금융기관 투자가 가능하다.

또한 해상풍력 사업은 바다에서 공사와 사업이 진행되기 때문에 공사 시 필요한 설치 선박과 운영관리를 위한 선박의 수급도 금융 조달에 있어서 중요한 체크 사항이다. 전 세계적으로 많은 해상풍력 사업이 추진되고 있는 반면 설치 선박이 부족해 우리나라와 같은 아시아 지역의 경우 선박 수급이 갈수록 어려워지고 있다. 실제 국내의 일부 사업의 경우 설치선박 수급이 안 되어 사업이 지연되고 있고, 투자비를 늘려서 선박을 직접 제조하는 것을 고려하는 경우도 발생하고 있다. 사업이 지연되고 투자비가 증가하면 당연히 목표했던 수익을 달성하기 어려워진다. 따라서 해상풍력 사업자는 사전에 선박 수급을 준비하고 공사가 예정된 기간에 맞춰 금융 계약이 체결될 수 있도록 관리해야만 한다.

아는 것이 힘이다! : 금융 조달 시 사업자가 숙지해야 할 사항들

금융 자문·주선사는 주요 사업 계약
체결 전 반드시 선정하라

이전 글에서 금융 자문사의 역할 중 가장 중요한 부분이 주요 사업 계약의 내용을 자문하는 것이라 언급하였다. 즉, 사업자는 금융 자문·주선사를 EPC, O&M 등 사업 계약을 체결하기 이전에 반드시 선정해야 한다. 그래야만 금융 조달 과정에 문제가 생겨 체결된 사업 계약을 다시 변경해야 하는 리스크를 사전에 차단할 수 있다.

실제 금융 자문업을 하다 보면 사업자가 금융 자문·주선사를 선정하지 않고 사업 계약을 체결하여 금융 조달 과정에서 계약을 어렵게 변경하거나 아예 새로운 파트너를 다시 선정하게 되는 사례들을 접하게 된다. 이렇게 사업 지연이 발생하면 결국 목표했던 사업의 일정과 수익을 달성하기 어렵게 된다. 금융 자문·주선사는 사업개발 과정 초기에 선정해도 금융비용이 추가로 많이 발생하지 않는다. 오히려 사업 초기부터 다양한 리스크에 대해 자문을 받을 수 있기 때문에 사업자에게 도움이 된다. 사업개발 과정에서 주요 사업 계약 체결을 준비해야 할 시점이 온다면 반드시 금융 자문·주선사를 우선 선정하여 자문을 받도록 하자.

금융기관의 대출 금리 결정 과정을 알아야 비용을 낮출 수 있다

재생에너지 사업의 금융 자문 업무를 하다 보면 자연스레 다양한 사업자들과 미팅을 하게 된다. 이때 사업자들이 가장 많이 하는 질문이 바로 대출 금리에 대한 것이다. 재생에너지 사업의 금융비용에서 가장 많은 부분을 차지하는 게 대출금에 대한 이자이므로 자연스레 질문이 많을 수밖에 없지만, 금융기관 입장에서는 처음 만나는 사업자에게 답변하기 가장 어려운 질문 중 하나가 대출 금리에 관한 것이다.

사업자들이 보통 금융기관과 첫 미팅을 하면서 시작하는 첫 대화는 다음과 같다.

"저희는 OO 지역에서 현재 OO재생에너지 사업을 하고 있습니다. 규모는 OOMW로 진행 중이고 지역 주민과 지자체와 잘 협의가 돼서 곧 인허가도 완료될 것 같습니다. 이제 금융 계약도 준비해야 해서 찾아왔는데 저희 사업에 대출 금리가 어떻게 될지 알고 싶어 방문했습니다."

이렇게 첫 질문부터 대출 금리를 문의하는 사업자들이 거의 대부분이다. 그럼 대출 금리 관련 질문을 받은 금융기관의 담당자는 머릿속으로 이렇게 생각한다.

"그건 사업마다 적용되는 기준이 다르기 때문에 아직 사업 정보가 부족한 저희로서는 정확한 답변을 드리긴 어렵습니다."

하지만 사업자 앞에서는 이렇게 대답할 것이다.

"현재 금융 시장에서 검토 중인 재생에너지 사업의 평균치는 [*]% 정도 금리 수준을 보이고 있지만, 저희에게 금융 자문·주선 업무를 맡겨주신다면 진행 중이신 사업에 한해서는 타 기관보다도 경쟁력 있는 조건을 제시해 드리도록 노력하겠습니다."

아마도 이런 식의 대화가 어느 금융기관과 첫 미팅을 하더라도 비슷하게 진행될 것이다. 결국 사업자가 원하는 대출 금리는 금융 자문·주선사를 선정하고 실사를 진행한 후 이에 따른 리스크를 평가한 결과로써 결정된다. 일반적으로 금융기관이 재생에너지 사업에 적용하는 대출 금리가 결정되는 구조는 아래와 같다.

〈금융기관의 대출 금리 결정 구조〉

① 조달금리 **+** ② 세금 **+** ③ SPC 신용평가에 따른 Risk Premium **+** ④ 마진

협상 가능 영역

대출 금리를 결정하는 요소를 살펴보면 크게 4가지로 구성된다. 금융기관이 대출 등 영업을 하기 위해 외부로부터 자금을 조달하는 금리가 첫 번째다. 이는 각 금융기관마다 외부 자금을 유치하는 형태와 상품 등에 의해 차이가 발생하고, 기관의 신용도에 따라서도 차이가 발생한다.

두 번째는 세금이다. 금융기관은 조달한 자금을 외부에 대출하여 이자 등의 수익을 발생하는 것이 영업 활동이기 때문에 이에 따른 일부 세금이 반영된다. 비슷한 예로 주유소에서 판매하는 휘발유와 경유에 각종 세금이 포함되어 있는 것과 같은 원리라고 생각하면 된다. 다음으로 대출을 받게 되는 재생에너지 사업의 특수목적법인, SPC에 대한 신용평가 결과에 따른 리스크 프리미엄이 적용된다. SPC에 대한 신용평가는 사업자의 신용을 포함하여 주요 사업 계약 관련 이해관계자의 신용도와 업력, 주요 사업 계약을 통해 리스크가 사업자와 이해관계자간 얼마나 잘 배분되었는지에 대한 평가 등이 포함된다. 마지막으로 마진은 금융기관이 대출이라는 영업 활동을 통해 이익을 수취하는 부분이다.

그럼 여기서 사업자는 금융비용을 최대한 절감하기 위해 금융기관과 협상 시 어느 부분에 집중해야 하는지를 알 수 있다. 바로 SPC 신용평가 등급을 높게 받는 것과 금융기관이 책정하는 마진을 줄일 수 있는 명분을 제공해야만 대출 금리를 낮출 수 있는 것이다. 사업자는 SPC의 신용도를 최대한 높이고, 금융기관이 마진을 줄여서라도 사업에 대출을 할 수 있을 만큼 우량한 사업 구조를 만들어야 한다. 이러한 사업 구조는 결국 사업자가 금융 자문·주선사로 선정된 금융기관과 함께 만들어가야 한다. 사업에 대한 정보를 투명하게 공유함으로써 장점을 부각하고, 단점은 상쇄할 수 있는 방안을 자문받고 실행해야 가능하다.

실제 금융 자문 업무를 수행하다 보면, 사업자가 장점만 부각하고, 리스크가 드러나는 자료는 잘 공유하지 않는 경우를 경험하게 된다. 사업을 함께 진행하는 파트너로 결정된 이후에도 100% 서로 간에 신뢰가 구축되지 않는 것이다. 물론 이러한 상황이 사업자만의 잘못은 절대 아니다. 처음부터 신뢰를 주지 못한 금융기관의 담당자에게도 같은 책임이 있을 것이다. 이렇게 처음부터 사업에 대해 투명한 정보 공유가 되지 않으면, 금융기관의 담당자도 금융비용을 줄이기 위해 자신감을 가지고 내부 투자 심의 과정을 진행할 수 없게 된다. 금융기관의 담당자가 사업을 완벽하게 이해하고 대출 과정을 진행해야만 금융비용을 줄일 수 있는 가능성이 높아진다. 즉, 사업에 대해서 사업자와 금융기관 간 원활하고 지속적인 커뮤니케이션이 잘돼야지만 금융비용을 최대한 절감할 수 있다.

지역 주민이 사업에 참여하는 금융 구조를 이해하자

재생에너지 사업은 화석연료를 대체하는 의미 있는 사업이긴

하지만, 그동안 지역 사회와의 이해관계 충돌로 인해서 사업이 제대로 진행되지 못하는 경우가 많이 발생했다. 사업 과정에서 주민에게 미칠 수 있는 나쁜 영향들이 제대로 공유되지 않았고, 이로 인한 피해보상도 적정하게 이뤄지지 않으며 문제가 갈수록 깊어졌다. 이에 정부에서는 2017년 1월부터 재생에너지 발전소가 설치되는 인근 지역의 주민이 사업에 직접 참여하는 제도를 만들어 시행하고 있다. 사업에서 발생한 이익을 주민과 공유하고, 민원도 해결하기 위한 방책이었다. 이와 관련된 자세한 내용은 다음 장(지역 사회와 함께하는 재생에너지 사업)에서 다루게 된다. 여기서는 현재 지역 주민이 사업에 직접 투자하고 참여하고 있는 금융 구조에 대해 살펴보도록 하겠다.

재생에너지 발전소가 설치되는 지역의 주민이 사업에 직접 참여하는 방법은 크게 2가지로 시행되고 있다. 첫 번째 지역 주민이 각 개별적으로 투자를 진행하는 것이다. 이를 위해서 현재 재생에너지 사업에 개인이 투자할 수 있는 온라인 투자 플랫폼이 운영되고 있다. 이러한 온라인 투자 플랫폼은 온라인투자연계금융업법에 근거하며, 개인이 투자할 수 있는 금액에도 일정 한도를 두어 안전하게 운영되고 있다.

두 번째는 가장 많은 사업에 적용되고 있는 방법으로, 발전소 인근 지역 주민들이 하나의 법인체(주식회사, 조합 등)를 구성하여 사업에 투자를 진행하는 것이다. 이때 지역 주민들의 가장 큰 고민은 바로 투자금을 마련하는 것이다. 투자하고자 하는 재생에너지 사업의 총사업비를 기준으로 적어도 2% 이상 투자를 해야 해당 사업이 REC 가중치를 추가로 인정받고, REC 추가 가중치로 인해 발생한 이익을 지역 주민이 공유받을 수 있기 때문이다.

특히 대형 해상풍력 사업의 경우 2%의 투자금만 해도 몇백 억에서 크게는 천 억 단위이기 때문에 실제 지역 주민이 전체 투자금을 마련하기는 현실적으로 불가능하다. 이때 지역 주민이 직접 투자하고 모자란 자금은 사업에 참여하는 금융기관으로부터 저리로 대출을 받아 진행하게 된다. 이러한 금융 구조를 간략히 도식화하면 아래와 같다.

| 〈주민 참여형 금융 구조〉

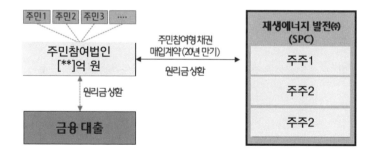

재생에너지 사업 법인인 SPC는 주민이 참여한 법인에 총사업비

에 2% 이상에 해당하는 사모사채를 발행하고 주민참여법인은 주민이 직접 투자한 자금과 금융기관으로부터 차입한 자금을 합하여 사채를 인수하게 된다. 이때 사채의 기간은 일반적으로 재생에너지 발전소가 운영되는 기간(20년)에 맞춰서 발행되고, 원금은 만기에 일시 상환을 진행한다. 또한 주민참여법인이 인수한 사채는 사업에서 발생하는 현금흐름에서 최우선 순위로 원리금이 지급된다. 이를 통해 주민참여법인이 금융기관으로부터 대출받은 자금을 상환하는 데 문제가 생기지 않도록 하고 있다.

현재까지 가장 많이 진행되고 있는 주민참여 금융 구조를 알아보았다. 특히 대규모의 재생에너지 사업을 추진히고 있는 사업자라면 지역 주민과 함께하는 사업을 위해 반드시 알아야 하는 내용이니 꼭 숙지하기 바란다.

5장

지역사회와
함께하는
재생에너지 사업

재생에너지 사업의
주민참여제도 현황 및 개선안

지역 주민과의 상생이
성패를 결정한다

재생에너지 사업을 추진하면서 사업자가 가장 염두에 두고 살펴봐야 할 것은 바로 지역 발전소가 설치될 인근 지역 주민과의 원활한 의사소통이다. 이들과의 커뮤니케이션이야말로 사업의 생애주기 시작부터 끝까지 지속되는 요소이기 때문이다.

3장 재생에너지 사업개발 5단계 프로세스의 '4단계_인허가 획득'에서도 다뤘지만, 이제 재생에너지 사업은 인허가를 적법하게 받기 위해서라도 지역 주민의 의견을 듣고, 협의하고 사업에 적용해야만 한다. 즉, 재생에너지 사업은 지역 주민과 함께하는 사업 모델을 정립하여 이익을 공유하고, 어려움은 같이 해결해가는 비즈니스로 서서히 자리 잡아가고 있다.

대규모 발전소가 설치될 지역의 주민 민원은 재생에너지 사업을 추진하는 과정에서 가장 대응하기 어렵고 심지어 사업의 존폐를 결정할 정도의 리스크로 인식되어왔다. 이러한 민원을 잘 대응하고 해결해 온 사업만이 현재 운영되고 있는 것이다. 통계적으로 정확히 분석된 내용은 아니지만, 재생에너지 업계에서는 매년 새롭게 추진되는 사업 중 실제 개발 과정이 진행 중인 경우는 민원으로 인해 절반에도 못 미치고 있다고 보고 있다. 지역 주민의 재생에너지 사업에 대한 수용성을 높이지 못하면 결국 사업이 될 수 없다는 것을 의미한다.

흔히 유럽은 새생에너지를 통한 진력 생신 비중이 높아 민원이 거의 없고 쉽게 사업을 진행하고 있다고 생각하는 사람들이 많이 있다. 하지만 덴마크와 독일 등 재생에너지 선진국도 처음에는 지역 사회와 마찰이 심했고, 현재도 주민 수용성에 대한 이슈는 끊임없이 제기되고 있다. 독일은 전체 인구의 10%가 넘는 사람들이 재생에너지 사업에 직접 투자를 한 경험을 보유하고 있다. 어느 국가보다도 국민이 재생에너지 사업에 대한 이해도가 높은 편이지만, 실제 사업이 추진되는 지역의 주민 수용성을 높이기 위해 지속적인 노력을 하고 있다.

이번 5장에서는 국내 재생에너지 사업의 주민참여제도 현황과 개선 방향을 알아보고, 가장 성공적으로 진행된 주민 참여형 사업의 사례 및 전문가 인터뷰를 통해 향후 주민 참여형 사업이 나아갈 궁극적 방향을 모색해보고자 한다.

주민참여제도
도입 현황

국내 재생에너지 사업에 지역 주민이 참여하는 제도가 도입된 것은 2017년 1월이다. 발전소가 설치되는 지역의 인근 주민이 사업에 투자 시, REC 가중치를 추가 적용하여 발생한 이익을 투자한 주민과 공유하는 방식이다. 주민참여제도가 도입되기 전까지는 각 사업자가 개별적으로 주민과 보상의 범위와 금액을 협상했다. 이때 주로 보상이 이뤄지는 방법은 현금, 현물 또는 주민이 보유하고 있는 부지나 공사에 필요한 장비를 비싼 가격에 임대해주는 방식으로 진행됐다.

이렇게 각 사업마다 명확한 기준이 없이 개별적인 협상으로 보상이 진행되다 보니, 타 사업과의 사례 비교를 통한 적절한 보상 규모의 산정이 어려웠다. 보상 기준이 명확하지 않다는 것은 보상을 받는 주민 간에도 갈등의 요소가 된다. 실제 주민참여사업 제도가 도입되기 이전 사업의 경우 마을의 협상대표단과 주민 간에도 갈등이 발생하고, 사업지가 겹치는 마을 간에도 일부 보상 차이에 따라 격한 갈등이 나타나곤 했다. 이는 곧 협상 기간이 장기화될 수 있다는 것을 의미하고, 실제로도 보상에 대한 의견 합의가 이뤄지지 않아 사업이 장기 지체되는 경우가 다반사였다.

정부에서는 국가전력수급계획에 따른 재생에너지 사업을 적시에 추진하기 위해 민원의 해결과 이익 공유, 이를 통해 주민의 재생에너지 사업에 대한 수용성을 높이기 위한 목적으로 주민참여제도를 도입하게 된다. 2023년 1분기까지 전기사업허가를 받은 사업에 적용되던 주민참여제도를 정리하면 아래와 같다.

〈주민참여제도 현황〉(2023. 1분기 기준)

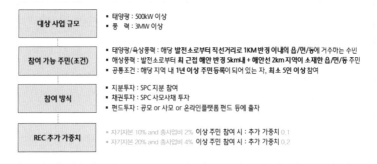

주민참여제도는 일정 규모 이상의 태양광, 풍력 사업을 대상으로 하고 있으며, 발전원별 기준에 따라 사업에 참여할 수 있는 주민의 범위도 설정하고 있다. 참여방식은 크게 3가지로 사업 SPC의 지분에 투자하여 주주로 참여하는 방식과 채권투자, 마지막으로 온라인 투자 플랫폼 등을 통한 펀드 투자 방식이 있다. 현재 가장 활성화되고 있는 방법은 채권투자이다. 발전소 인근 지역 내 1

년 이상 주민등록이 되어 있는 5인 이상이 모여 별도의 법인체(주식회사, 조합 등)를 만들어 SPC가 발행하는 사모사채에 투자하는 방식이다. 이와 관련된 자세한 내용은 지난 글(4-4. 금융 조달 시 사업자가 숙지해야 할 사항들)에서 설명하였다.

마지막으로 사업에 투자한 주민에게 돌아가는 직접적인 이익인, REC 추가 가중치가 발급되는 기준을 살펴보자. REC 추가 가중치는 주민이 투자하는 자기자본의 비율 혹은 총사업비 대비 투자금의 일정 비율에 따라 결정된다. 자기자본의 20% 이상 혹은 총사업비의 4% 이상 투자 시 최대 0.2의 REC 추가 가중치가 적용되고, 이와 관련된 매출액을 사업자와 주민이 공유하는 형태이다.

주민참여제도는 2017년 도입 이후 초기엔 참여도가 적었지만(2019년 기준 8개 사업 적용), 2020년부터 본격적으로 활성화되기 시작하면서 2022년 말 기준 179개 사업에서 적용되고 있다. 이렇게 급속히 제도가 성장하게 된 계기는 중앙정부의 노력과 함께 여러 지자체에서 주민참여 사업에 대한 기준을 조례로 반영한 것도 큰 역할을 했다. 결국 발전소 공사를 하기 위해선 해당 지자체의 조례를 따라야만 가능하기 때문이다. 이제 재생에너지 사업자에게는 일정 규모 이상의 사업을 주민참여제도에 맞춰 진행하는 것이 당연한 것으로 받아들여지고 있을 정도로 보편화되고 있다.

주민참여제도는 현재 재생에너지 사업을 하는 데 매우 중요한 역할을 하고 있지만, 제도가 적용된 사업이 짧은 기간에 큰 폭으로 증가하며 운용 과정에서 일부 한계점도 드러나고 있다.

우선 개선이 필요한 부분은 사업마다 가지고 있는 특성이 제대로 반영되지 않고 있다는 점이다. 태양광과 풍력 사업이 각각 가지고 있는 여러 사업 조건과 규모에 따라 주민에 미치는 영향이 다르지만, 주민이 참여하는 기준과 REC 추가 가중치라는 보상 조건이 동일하게 적용되고 있다.

특히 해상풍력처럼 투자비가 많이 투입되는 사업과 비교적 사업비가 적은 태양광 사업이 동일한 투자 비율에 동일한 조건의 REC 추가 가중치가 적용되는 것 등은 재생에너지 사업에 참여하는 주민 간 형평성 측면에서도 일부 개선이 필요한 내용이다.

다음으로 개선이 필요한 사항은 발전소가 설치되는 위치를 기준으로 거리가 가까운 주민에게 좀 더 많은 혜택이 돌아가도록 해야 한다는 것이다. 발전소에 인접할수록 예상되는 피해도 커지는데, 이러한 부분이 고려되지 않고 참여하는 모든 주민에게 동일한 혜택이 적용되는 한계도 지니고 있다.

마지막으로 사업에 참여한 주민이 사망하거나 이주하는 등 주민참여 비율이 변경될 시 REC 추가 가중치를 조정하는 등의 사후관리가 필요하나, 아직 이를 대비한 제도가 없어 사후관리를 위한 개선안도 시급히 마련해야 하는 사항이다.

주민참여제도, 무엇이 바뀌고 무엇이 적용되나 (2023년 2분기 적용)

현 정부는 앞서 설명한 주민참여제도의 한계를 개선하고자 2023년 1월 행정예고와 4월 최종 개선안 고시를 통해 주민참여제도에 대한 개선안을 발표했다. 이번 개선안은 크게 3가지 방향에서 달라진 점이 보인다.

첫 번째 사업의 규모와 발전원에 따라 주민참여 범위를 세분화했다. 발전원 특성에 맞춰 경관, 소음 등 영향을 고려하여 주민이 참여할 수 있는 범위를 차등으로 적용하고, 사업 규모가 100MW 이상인 사업의 경우 인근 주민의 범위를 시, 군, 구까지 확대하였다.

또한 이전에는 없었던 송·변전 설비가 지나가는 지역의 주민도 사업에 참여할 수 있는 자격을 부여하였다. 지금까지 설명한 내용을 정리하면 다음 표와 같다.

| 〈표1 : 주민참여제도 개선안 : 발전원, 사업 규모에 따른 주민 참여 자격〉

발전원	기존			개선			
	용량	참여 범위		용량		참여 범위	
		거리기준	행정구역			거리기준	행정구역
태양광	500kW	반경 1km	읍면동	100MW 미만		반경 500m	읍면동
				100MW 이상			시군구
육상 풍력	3MW			100MW 미만		반경 1km	읍면동
				100MW 이상			시군구
해상 풍력	3MW	최근접 해안지점 반경 5km & 해안선 2km (최근접 해안 반경내 섬 포함)	읍면동	어민		피해보상 대상 어민	–
				주민	100MW 미만	① 각 발전기 반경 10km 이내에 위치한 육지의 해안선 또는 섬 ② 송전선로 양륙지점	읍면동
					100MW 이상		시군구
송변전	無			154~765kV		송변전설비 일정반경 -345/500/765kV : 송주법 준용* -154kV : 기준신설**	행정리 /통

※출처: 산업통상자원부, 주민참여사업 제도 개선방안

두 번째는 지역 주민이 재생에너지 사업에 적극 참여할 수 있는 유인을 확대한 것이다. 주민이 참여하는 투자금 기준과 관련하여 자기자본 비율을 폐지하고 총사업비 비율로 단일화하였다. 또한

---

* (345kV) 송전선로 700m 변전소 600m (500kV) 송전선로 800m (765kV) 송전선로 1,000m 변전소 850m
** (154kV) 송전선로 500m 변전소 400m

육상 풍력을 기준으로 사업비가 더 많이 드는 해상풍력의 REC 추가 가중치 비중을 높이고, 사업비가 상대적으로 적은 태양광의 경우 혜택을 축소하였다.

추가로 지자체가 조례에 적용하고 있는 재생에너지 발전소와 거주지와의 이격 거리 기준을 중앙정부가 권고하는 수준으로 개선할 수 있도록 이력 거리 개선과 연계한 보상 체계를 마련하였다.

현 정부가 권고하고 있는 이격 거리 기준은 주거지역으로부터 최소한 100미터 이상 이격, 도로는 이격 거리를 설정하지 않도록 하고 있다. 관련 내용을 표로 정리하면 다음과 같다.

〈표2 : 주민참여제도 개선안: 주민참여 비율 및 이격 거리 기준에 따른 REC 추가 가중치〉

기존			개선				
				REC 가중치			
주민참여 비율	REC 가중치		주민참여 비율	태양광 (이격거리 기준 미준수)	태양광 (이격거리 기준 준수)	육상 풍력	해상 풍력
			1%~2%	없음	없음	없음	0.075
2%~4%	0.1		2%~3%	0.08	0.10	0.10	0.15
			3%~4%	0.12	0.15	0.15	0.225
4% 이상	0.2		4% 이상	0.16	0.20	0.20	0.30

※출처: 산업통상자원부, 주민참여사업 제도 개선방안

마지막으로 발전소에 더 가깝게 거주하는 인접 지역 주민에게 더 많은 혜택을 부여하기 위한 개선안이 마련됐다. 발전소 인접 지역 주민이 최소 30% 이상 참여할 수 있도록 했고, 이에 미치지 못할 경우 REC 가중치가 비례적으로 차감된다.

주민 1명이 투자할 수 있는 금액의 범위도 수정하였다. 기존에는 최대 주민참여 금액의 30%까지 주민 1명이 참여할 수 있었다면, 이제는 1인당 투자금이 전체 주민참여 금액의 10%를 넘지 못하게 되었다. 1세대당(세대당 최대 2인을 기준으로 함) 참여를 기준으로 지역 주민 최대 2천만 원(인당 1천만 원), 인접주민 최대 6천만 원(인당 3천만 원), 어민 최대 8천만 원(인당 4천만 원)의 금액 한도로 투자를 할 수 있게 개선되었다. 이번에 개선안으로 발표된 인접 지역의 기준은 표3과 같다.

〈표3. 인접 지역의 범위〉

발전원	설비용량	인접 지역 범위
태양광	500kW 이상 100MW 미만	발전소 반경 500m 이내의 지역이 속하는 행정리 · 통
	100MW 이상	발전소 반경 500m 이내의 지역이 속하는 법정리 · 법정동
육상 풍력	3MW 이상	각 발전기 반경 1km 이내의 지역이 속하는 법정리 · 법정동
해상 풍력	3MW 이상 100MW 미만	다음의 어느 하나에 해당하는 지역 1. 각 발전기 반경 10km 이내 위치한 육지의 해안선 및 섬이 속하는 법정리 · 법정동 2. 발전소의 설치에 따라 신설 또는 증설되는 송전선로가 양육하는 지점이 속한 법정리 · 법정동과 해당 법정리 · 법정동과 연접한 법정리 · 법정동 (해안선에 연접하지 않은 법정리 · 법정동은 제외)
	100MW 이상	다음의 어느 하나에 해당하는 지역 1. 각 발전기 반경 10km 이내 위치한 육지의 해안선이 속하는 법정리 · 법정동 2. 각 발전기 반경 10km 이내 위치한 섬이 속하는 법정리 · 법정동 (단, 발전기 반경 10km 이내 위치한 섬이 섬으로만 구성된 읍 · 면에 속하는 경우에는 해당 섬이 속하는 읍 · 면으로 한다) 3. 발전소의 설치에 따라 신설 또는 증설되는 송전선로가 양육하는 지점이 속한 법정리 · 법정동과 해당 법정리 · 법정동과 연접한 법정리 · 법정동 (해안선에 연접하지 않은 법정리 · 법정동은 제외)

※출처 : 신 · 재생에너지 공급의무화제도 및 연료 혼합의무화제도 관리 · 운영지침 개정안

이번에 마련된 개선안은 관계기관, 단체 또는 개인을 대상으로 의견을 수렴하여 2023년 2분기부터 적용되고 있으며, 개선안 적용 전에 전기사업허가를 받고 전기사업법 제61조 1항에 따른 공사계획의 인가는 아직 받지 못한 태양광과 육상풍력 사업의 경우 기존안과 개선안 중 원하는 방식으로 선택할 수 있게 하였다. 다만, 해상풍력 사업의 경우는 전기사업허가 시점과 상관없이 모든 사업자에게 적용되어, 개선안으로 발표된 기준에 맞춰서 REC 추가 가중치가 적용된다.

지금까지 재생에너지 사업의 주민참여제도와 개선안을 살펴보았다. 지역 사회와 함께하는 진정한 재생에너지 사업을 만들기 위해서는 정부의 지원제도에 맞춰 사업의 주체인 사업자와 주민에게도 많은 노력이 요구될 수밖에 없다. 주민참여제도가 단순히 민원을 해결하기 위한 또 다른 보상 수단에 머물지 않고 우리나라 국민의 재생에너지에 대한 이해도를 한층 높일 수 있는 기반이 되길 바란다.

주민참여형 사업의
성공 사례

주민 수용성 제고가
재생에너지 보급 확대에 핵심이다

우리나라가 탄소중립 목표를 달성하기 위해서는 재생에너지 발전 비율을 확대하는 일이 가장 시급한 당면 과제이다. 하지만 이를 달성하는 데에는 적잖은 불협화음이 존재한다. 재생에너지에 대한 잘못된 정보로 인해 국민의 부정적 인식이 증가하고 있고, 이로 인한 지역 민원 및 지자체의 재생에너지 사업에 대한 조례가 더욱 엄격해지는 문제가 불거지고 있기 때문이다.

우스갯소리로 헌법 위에 국민정서법이 있다는 말이 있듯이, 재생에너지 사업이 추진되는 지역의 주민들과 공감하는 사업을 만들어가지 못한다면 성공적으로 재생에너지 보급을 확대하는 것은 거의 불가능하다. 즉, 재생에너지 사업에 대한 주민 수용성을 높이는 것이 중요하다. 주민 수용성이란 지역 주민이 재생에너지 발전소가 설치되는 것에 대한 합리적인 기준을 근거로 수용 여부를 결정하는 것을 의미한다. 주민이 재생에너지 사업에 대한 높은 이해도를 바탕으로, 실제 재생에너지를 사용하고 투자하는 등 삶에 적용해야만 지역 사회와 함께하는 재생에너지 사업을 만들어갈 수 있다. 여기서는 국내 재생에너지 사업 중 지역 주민의 적극적인 참여를 기반으로 추진된 대표적 사례를 살펴봄으로써, 향후 재생에너지 사업들이 이를 통해 더욱 좋은 사업 모델을 만들어낼 수 있는 계기를 제공하고자 한다.

주민과 이익을 공유하는 데 성공한
태백 가덕산 풍력사업

태백 가덕산 풍력 사업은 지자체, 발전공기업, 건설사, 지역 주민 모두가 함께한 대표적인 사업으로 국내 풍력 사업 최초로 주민 참여를 통해 REC 추가 가중치를 인정받았다. 주민 참여형 사업은 지역 수용성 제고와 사업성 개선이라는 장점에 더해 주민과 이익을 공유하고 지역 경제를 활성화하며, 탄소중립과 지역 일자리 창출을 통해 재생에너지 산업 생태계 자체를 강화할 수 있는 방법이다. 태백 가덕산 풍력 사업은 이러한 주민 참여형 사업의 효과를 가장 잘 이해하고 적용한 사업으로, 향후 주민참여형 사업의 기준이 될 것으로 평가받고 있다.

본 사업은 1단계(43.2MW), 2단계(21MW)로 나뉘어 총 64.2MW 규모로 추진되었다. 지자체인 강원도와 태백시가 주주로 참여하였고, 발전 사업자뿐만 아니라 다양한 이해관계자와 지역 주민 대다수가 사업에 투자를 진행하였다. 총사업비 1,800억 중 지역 주민 투자금이 90억, 그 중 44억은 주민들이 자체 보유한 자금으로 직접 투자를 진행하였다. 특히 2단계 사업은 주민참여 펀드 모집 결과, 목표했던 20억을 훌쩍 넘어 약 27억을 정부와 금융기관의 지원 없이 전액 지역 주민과 기업이 투자하는 성과를 거뒀다.

〈그림1. 태백 가덕산 풍력 2단계 사업 주민참여 금융구조〉

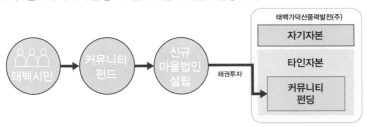

최초 1단계 사업 추진 시에는 주민 수용성을 확보하고 동의를 완료하는 데 26개월의 시간이 걸렸다. 새로운 풍력 사업 모델을 만들고 이익을 공유하는 방식에 대해 사업자와 지역 주민 간 입장 차이가 컸기 때문이다. 처음에는 주민이 주주로 참여하는 방향으로 협의를 진행했으나, 주식형 투자 시 건설 기간을 포함하여 특정 기간에 배당 수익을 받지 못할 수 있다는 단점이 존재했다. 이에 사업자는 주민 투자금에 대해 사업 전 기간 수익이 보장되는 채권형 이익 공유 방식으로 사업 모델을 수정하였다. 또한 발전소 인근 주민들이 투자해야 하는 금액의 규모도 하나의 커다란 숙제였다. 이를 해결하기 위해 주민 대표자들을 주주로 하는 마을 법인을 설립하고, 온라인 커뮤니티 펀드를 통해 발전소 인근 주민뿐 아니라 태백 시민 전체를 대상으로 투자금을 모집하였다. 언제든 환매가 가능한 펀드 조건을 기반으로 적극적인 온·오프라인 홍보와 설명을 통해 주민 250여 명과 지역 법인의 투자를 유치하였다.

2단계 사업에서는 1단계 사업 추진 경험을 바탕으로 4개월 만에 주민 동의를 완료하였고, 목표 대비 135%에 달하는 투자금액을 유치하였다. 1난세 과정을 통해 재생에너지 사업에 대한 지역 주민의 이해도가 매우 높아졌고, 실제 수익이 발생하는 경험이 있었기에 가능한 일이었다.

지역 주민과 기업으로부터 몇십 억 단위의 돈을 재생에너지 사업을 위해 모집하는 것은 매우 어려운 일이다. 이에 따라 주민 투자금 외 부족한 조달 금액은 주민(마을) 법인이 정부 기관의 정책대출을 활용하거나, 금융기관으로부터 저리로 대출을 받아 투자를 진행하게 된다. 반면, 태백 가덕산 풍력 사업은 단계별 추진 과정을 거쳐 지역 주민의 재생에너지 사업에 대한 이해도를 높여, 주민들이 직접 대부분의 모집 자금을 투자한 진정한 주민 참여 사업을 완성하였다. 여러 차례 걸친 사업 설명회를 통해 주민들께 자세히 설명하고, 현지에 직접 상담센터를 개설해 휴대폰을 비롯한 IT 기기 사용에 익숙지 않은 노년층의 투자가 원활하게 이뤄질 수 있도록 지원하였다. 이를 통해 재생에너지 발전소의 이익 공유 혜택을, 인근 주민뿐만 아니라 해당 지자체 주민까지 확대한 모범적인 사례가 되었다.

지역 사회와 함께하는
진정한 재생에너지 사업 모델

국내에서 진행 중인 주민참여형 재생에너지 사업은 2022년 11월 기준 179개로, 현시점에서는 200개 사업이 넘을 것으로 예상된다. 정부의 지원과 함께 지자체의 조례로도 주민참여 기준이 반영되기 시작하면서, 재생에너지 사업에 있어 꼭 필요한 요소로 자리매김하고 있다.

주민 참여형 사업은 인근 주민과 이익을 공유하는 것도 중요하지만, 결국 지역 사회의 직·간접적인 참여를 통해 재생에너지 사업에 대한 이해도를 높이는 게 핵심이라 할 수 있다. 하지만 아직 많은 재생에너지 사업자들이 주민참여제도를 지역 민원을 잠재우기 위한 보상 수단으로만 활용하고 있다. 주민의 직접 투자를 유도하기 위한 고민보다는 사업자 혹은 금융기관이 주민참여제도에 맞춘 대출 지원으로 보상을 해주는 수준에서 머물고 있는 게 현실이다. 앞서 살펴본 태백 가덕산 풍력 사업처럼 지역 주민의 재생에너지 사업 이해도를 높이고, 직접 투자 경험을 늘려야만 주민 수용성 제고를 기반으로 한 재생에너지 사업 확대가 가능하다.

이어지는 글에는 국내 재생에너지 주민 참여형 사업에 대한 다수의 컨설팅 경험을 지닌 전문가와의 인터뷰 내용을 담았다. 재생에너지 확대에 가장 큰 걸림돌인 주민 수용성 개선을 위해 현장에서 활발하게 뛰고 있는 전문가의 의견을 들어보며, 지역 사회와 함께하는 진정한 재생에너지 사업 모델에 대해 깊이 있게 고민해보도록 하겠다.

<주민참여형 사업의 전문가 인터뷰>

"재생에너지 사업이 넘어야 할
가장 어려운 허들은 주민 수용성"

이번 글에서는 국내에서 가장 활발하게 주민 참여형 사업을 진행하고 있는 '루트에너지 윤태환 대표'와의 인터뷰 내용을 담았다. 루트에너지는 앞선 글에서 사례로 다뤘던 태백 가덕산 풍력 사업의 주민참여 과정을 자문하였고, 관련하여 온라인 커뮤니티 펀드를 운영 중에 있다.

참고로 인터뷰어(Interviewer)의 질문은 'Y²G'로, 인터뷰이(Interviewee)의 인터뷰 내용은 '윤 대표'로 구분하여 작성하였다.

[Y²G]

먼저 바쁜 가운데에도 인터뷰에 응해준 점 감사합니다. 첫 번째 질문으로, 대표님께서는 재생에너지 주민 참여형 사업 자문 관련해서 가장 활발하게 사업을 하고 있는데요. 이 분야에 집중하여 사업을 하시게 된 계기가 있었는지에 대해서 먼저 묻고 싶습니다.

[윤 대표]

안녕하세요. 먼저 인터뷰 기회를 주서서 감사하단 말씀을 드립니다. 제가 현재 집중하고 있는 재생에너지 주민참여형 사업 자문 및 커뮤니티 펀딩 플랫폼이 개인적으로 네 번째 도전하는 사업 모델입니다. 창업 후 처음 4년은 3번 정도 실패를 했었고, 그 실패들로부터 얻은 교훈을 바탕으로 4번째 도전한 사업입니다.

사실 주민참여 플랫폼 사업은 지금으로부터 10년 전 가장 먼저 시도했던 사업 모델이었습니다. 덴마크에서 풍력 공학을 전공하며, 재생에너지 확산에 가장 높은 장벽은 기술이나 경제성이 아니라 주민 수용성이라는 것을 깨달았고, 우리나라에도 덴마크의 성공 방정식이 반드시 필요하다는 것을 알게 되었죠.

재생에너지 사업은 확산이 될수록 물리적으로 주민이나 어민들과 점점 더 가까워지고, 시간이 지날수록 더 악화될 수 있는 문제라고 생각했어요. 이 문제 해결은 민간 및 공공의 모든 발전 사업자가 풀기 어려워하는 문제였고, 스타트업이 압도적으로 1등을 할 수 있는 시장이라고 생각했어요. 하지만 10여 년 전 당시 우리나라에는 재생에너지 사업 자체가 경제성이 낮았고 크라우드 펀딩 같은 개념이 전혀 없었을 때라 사업을 추진하기가 쉽지 않았습니다. 주민참여 사업을 진행하기 위한 재생에너지 시장 규모와 관련 인프라가 부족한 상황이었죠. 국내에서 재생에너지의 주민참여사업을 하기엔 아쉽게도 타이밍이 너무 빨랐었다고 생각합니다.

그 이후 두 번이나 사업 모델을 변경하며 재생에너지 관련 사업을 운영했지만 다 실패하고 말았습니다. 그런 실패를 바탕으로 처음에 하고 싶었던 주민참여 플랫폼 사업에 다시 한번 도전해보기로 결정했습니다. 그때가 5년 전인데, 10년 전보다는 재생에너지 사업이 많아지면서 경제성이 개선되었고, 크라우드 펀딩이나 P2P 금융에 대한 개념도 생겨나 핀테크 사업이 대중화되기 시작되는 시기였어요. 그래서 이런 시장 환경에서는 다시 도전해볼 수 있겠다는 판단을 했고, 지금까지 사업을 지속해오고 있습니다.

[Y²G]

덴마크에서 보고 느낀 주민참여 사업 모델에 대해 설명해준다면 좋겠습니다. 추가로, 이러한 사업 모델을 국내에 어떻게 적용하고 있는지도 궁금합니다.

[윤 대표]

덴마크는 독일 바로 위에 있는 반도 국가이고, 지하자원이 거의 없어서 대부분 해외에 의존해야 하는 우리나라와 유사한 나라입니다. 유일한 자원이 엄청나게 센 바람이에요. 그래서 1970년대 오일 파동 당시 덴마크는 국가의 주요 발전원을 원전으로 할지 풍력 발전을 주도적으로 할지를 두고 국민들이 함께 고민을 했습니다. 그 후 거의 10년에 걸친 토론 과정을 거쳐서 결국 원전을 하지 않기로 결정했고, 실제로 현재 덴마크에는 원자력 발전소가 없습니다. 이렇게 1980년대부터 상업용 풍력 발전기를 활용해 전기를 생산하기 시작하며, 지금 덴마크는 풍력에 있어 세계 최대 강국이 되었습니다.

덴마크에서 풍력에너지를 공부하며, 특히 이 나라의 재생에너지 산업이 성상해온 역사에 대해 많은 관심을 가지게 됐어요. 어떻게 재생에너지가 빠르게 확산될 수 있었고 주민들의 반대가 거의 없이 지속될 수 있었을까? 님비(NIMBY, Not In My Back Yard: 위험시설, 혐오시설 등의 설치 필요성은 인정하면서도 자기 주거 지역에서만은 안 된다고 하는 자기 중심적 태도나 경향)가 아니라 핌피(PIMBY, Please In My Front Yard: 지역사회에 도움이 되는 수익성 사업을 자기 지역에 유치하고자 하는 현상) 현상이 가능했을까? 거기에 의문을 가졌던 것 같아요.

저는 풍력 공학을 전공했는데 재생에너지 기술 개발은 시간과 노력에 따라 빠르게 개선될 수 있는 분야라고 생각했습니다. 사업의 경제성도 마찬가지였어요. 실제 사업에 대한 노하우가 쌓이면서 점점 전력 생산단가가 빠르게 하락하고 있습니다.

하지만 이 주민 수용성 문제는 제가 아무리 스스로 질문을 던져도 답이 명확하지 않은 분야였어요. 왜냐하면 재생에너지 발전소가 점점 많아지면 자연스럽게 민가에 가까워질 수밖에 없고, 발전소가 위치하는 지역에서 생계를 이어가는 농·어민들의 활동에 지장을 줄 수밖에 없기 때문이죠. 즉, 재생에너지 발전소가 많아질수록 이들의 불만이 커져가는 게 당연한데, 덴마크는 오히려 더 주민들이 재생에너지 사업을 반기는 분위기가 조성되고 있었습니다.

제가 알고 있는 상식이랑 다른 이 상황이 어떻게 가능한지 궁금했어요. 그래서 이 부분에 대한 조사와 공부를 계속해보니, 덴마크에서는 재생에너지 사업을 추진하는 시작 단계부터 지역 주민들이 주요 의사결정에 참여해왔다는 것을 알게 됐습니다. 또한 주민 스스로가 재생에너지에 대한 공부를 해서, 직접 투자를 할 수 있는 전문성을 쌓아오고 있다는 사실도 말이죠.

덴마크의 재생에너지 사업자들은 사업에 의해 발생할 수 있는 환경적인 문제에 대해서도 주민들과 충분히 사전 논의하면서 사업을 개발을 해왔습니다. 또한 사업에서 발생하는 이익을 지역 주민들이 우선 공유받을 수 있도록 만들어, 주민들과 사업자가 거의 절반씩 지분을 가져가는 형태의 사업들을 1980년대부터 해오고 있고요. 결국 이런 과정을 통해 주인 의식과 오너십이 생기면서, 주민들이 재생에너지 사업이 잘될 수 있도록 지원하고, 문제가 생기면 스스로 해결해나가는 사업 모델이 만들어지게 된 겁니다.

저는 이런 덴마크의 재생에너지 성공 모델을 우리나라에 도입하고 싶었습니다. 기술 개발은 제가 안 해도 다른 사람이 잘할 수 있는 분야라 생각했지만, 주민과 함께하는 사업 모델만큼은 제가 국내에서 다른 대기업과 경쟁하지 않아도 경쟁력을 갖출 수 있는 분야라 확신했습니다. 공기업, 대기업 그리고 금융사도 다 힘들고 어렵게 생각하는 영역, 그게 바로 저는 주민 수용성을 위한 새로운 금융 모델이라고 생각했습니다. 그래서 주민참여 사업을 위한 온라인 커뮤니티 투자 플랫폼을 만들었고, 주민들이 재생에너지 사업에 직접 투자를 하면서 재생에너지 사업에 대한 문해력을 높이는 데 집중하고 있습니다.

[Y^{2}G]

대표님께서 주민참여 사업을 하게 된 계기와 사업 모델에 대해서 잘 이해했습니다. 지금까지 사업을 하면서 여러 가지 사례들이 있을 텐데요. 대표적으로 기억에 남는 성공 사례와 혹시 힘들었거나 아쉬웠던 사례가 있다면 소개해주십시오.

[윤 대표]

의미 있었던 사례부터 말하자면, 태백 가덕산 풍력 사업을 들 수 있습니다. 가덕산 풍력 사업의 1단계 주민참여 사업을 진행하던 시점에만 해도 다른 주민참여 사례가 없었어요. 이런 불모지 같은 상황에서 발전 사업자들을 설득해 주민참여 사업의 대표적인 사례를 만들려고 노력을 했었고, 다행히도 사업자와 지역 주민과 함께 좋은 결과를 이루어냈습니다. 당시에 저희가 정말 이상적으로 생각하는 모델을 100% 구현하진 못했지만, 최대한 노력하여 거의 근접한 모델을 만들어낼 수 있었어요.

현재 우리나라에서 인증받은 주민참여 사업이 180개가 넘게 있는데, 그중에서 거의 유일하게 주민들이 대출 없이 자발적으로 자기 돈을 투자한 '내돈내산' 사업이 태백 가덕산 풍력 사업입니다. 실제 목표한 금액보다 더 많은 투자금이 모집되는 경험을 하면서 우리가 정말로 투명하고 공정하게 이익을 공유하고 사후 관리를 잘하게 되면 이렇게 신뢰를 얻을 수 있고 또 이렇게 지지를 받을 수 있다는 걸 알게 됐습니다. 우리나라에서도 재생에너지 사업이 님비가 아닌 핌비가 될 수 있단 사실을 깨닫게 된 사업이죠.

처음 1단계 사업을 할 때는 주민 동의를 받는 데 26개월 정도의 시간이 소요됐어요. 이후 2단계 사업을 할 때는 100% 동의를 받는 데 한 절반 정도 시간이 줄어들 거라 생각했습니다. 근데 실제 동의를 받는 데 4개월밖에 걸리지 않았어요. 이걸 보면서 유럽은 주민 동의에 걸리는 시간이 사업이 진행되면서 대략 절반씩 줄었는데, 우리나라는 신뢰가 쌓이면 이렇게 전체 주민 동의 시간이 확 줄어들 수 있다는 것을 체험한 거죠. 어느 나라보다도 우리나라는 훨씬 더 빠르게 국민이 원해서 참여하는 재생에너지 시장이 열릴 것이란 확신이 들었습니다.

재생에너지 사업에 대한 국민의 이해도가 높아지고 지역에서 진행되는 사업을 국민이 지원해주기만 하면, 전력 생산단가도 매우 낮아질 수 있습니다. 왜냐하면 개발 기간이 단축되고, 지자체도 조례에 반영된 이격 거리 조항을 삭제할 것이고, 모든 사업 절차가 간소해질 수 있기 때문이죠. 또한 우리나라 인구의 10%가 재생에너지에 투자해서 실제로 이익을 얻고 있다고 생각해보세요. 그런 환경에서는 일단 정치와 이와 관련한 제도가 먼저 바뀝니다.

재생에너지 사업에 투자한 사람들, 투자한 사람들의 가족 및 친구까지 다 포함하면 1천만 명이 넘게 됩니다. 이렇게 많은 사람들이 재생에너지 사업에 대한 이해도가 생기는 거고, 정치권에서도 여야 상관없이 이들을 위한 재생에너지 친화적인 공약과 정책을 고민하고 만들 수밖에 없습니다. 그래서 재생에너지 사업에 대한 국민의 관심과 투자가 늘어야 정권에 따라 재생에너지에 대한 정책이 급변하지 않고, 향후 20~30년을 내다보면서 제대로 된 에너지 정책을 만들어낼 수 있습니다. 그래야 산업도 꾸준하게 성장해갈 수 있고요.

저는 덴마크가 정권이 바뀌어도 20년, 30년 동안 동일하게 재생에너지를 지원해주는 정책이 뒷받침되었기 때문에 베스타스(글로

벌 풍력 발전기 제조 기업)가 나올 수 있었고, 오스테드(글로벌 해상풍력 1
위 기업)가 나올 수 있었다고 생각합니다.

우리나라도 이렇게 되기 위해선 근본적으로 재생에너지에 대한
유권자의 생각과 태도가 바뀌어야만 가능합니다. 정부가 만드는
제도도 물론 필요하지만, 국민들로부터 시작되는 바텀업(bottom-
up)의 변화가 꼭 필요합니다.

다음으로 아쉬웠던 사례는 재생에너지 시장에 너무 많아요. 예
를 들면 저희 사업을 제외한 나머지 수십 개 정도의 사업들은 지역
주민들이 직접 투자한 돈이 거의 없습니다. 주민참여 사업으로 사
용된 자금은 전액 대출금으로, 사업자가 빌려주거나 금융기관으
로 조달하여 충당을 했기 때문에 이분들은 재생에너지 사업의 주
민참여 제도를 단순한 보상 수단으로만 인식하고 있어요. 이러면
주민참여제도를 통해 지역 사회의 재생에너지 사업에 대한 문해
력을 높이는 목적을 절대 달성할 수 없습니다.

한 가지 예를 들어보죠. 한 가정의 남편이 2천만 원 정도를 재생
에너지에 투자하려고 하는데 이 사업은 이런 안정성이 있고 이런
수익성이 있다는 걸 설명하면서 아내를 설득하게 되죠. 이런 과정
을 통해 한 가정이 전체적으로 자연스럽게 재생에너지 사업에 대
한 문해력이 높아지게 됩니다. 근데 이 투자금을 전부 대출금으로
하는 사례가 계속 늘어나면 지역 주민들이 사업에 대한 이해 과정

이 없이 돈을 준다니까 일시적으로 사업에 동의하는 수동적인 입장이 돼버리고 말아요. 지역 내 또 다른 재생에너지 사업이 진행되면 보상 금액에 따라 사업을 반대할 가능성도 높고요. 이러한 주민들은 사실 진정한 에너지 시민이라고 할 수가 없습니다.

이에 반해 저희가 근본적으로 하고 싶은 건 주민들이 스스로가 바뀌는 거예요. 이러한 목적을 태백 가덕산 풍력 사업에서 유일하게 달성했지만 다른 지역의 다른 사업자들은 주로 대출금으로만 주민참여 금액을 충당했고, 그걸 정부에서 승인을 해줬습니다. 이렇게 진행된 주민참여 사업이 제가 생각하는 너무나 아쉬운 사례들입니다.

[Y²G]

앞에서도 말씀 주시긴 했지만, 국내 주민참여 사업이 안정적으로 정착하기 위해 가장 필요한 게 무엇인지, 또한 이와 연계해서 앞으로 주민참여제도가 어떻게 개선이 되었으면 하는지에 대해서도 짧게 의견을 부탁을 드리겠습니다.

[윤 대표]

우리가 덴마크와 같은 주민참여 사업의 성공을 이루려면 세 가지 사업의 정의를 충족해야만 합니다. 우선 하나가 배분의 정의입니다. 발전소 인근에 거주하는 주민과 멀리 사는 주민의 피해 보상 정도가 다른데 발전소 이익을 동일하게 배분하면 오히려 인근 주민이 반발을 불러올 수 있습니다. 주민별 상황에 따라 적절하고 공정한 이익 배분이 이뤄져야 주민의 사업 동의를 이끌어낼 수 있습니다.

두 번째로 환경적 정의입니다. 발전소가 들어옴으로써 발생할 수 있는 환경적인 피해뿐만 아니라 환경적으로 더 개선되는 사항들이 있다면, 이런 것들에 대해서 밸런스 있게 소통하는 게 필요합니다.

마지막으로 절차적 정의입니다. 사업을 개발하는 과정에서 주민들이 같이 참여할 수 있는 구조를 만들고, 수동적으로 단순히 피해 보상만 받는 게 아니라 적극적으로 의견을 개진하면서 함께 사업을 만들어가는 것이 필요합니다.

발전 사업자들은 처음부터 주민들에게 사업에 대해 투명하게 얘기하면 사업의 기밀을 누설하는 것 같기도 하고, 사업 내용을 주민들이 알게 되면 무조건 반대할 것 같기도 해, 아예 시도를 안 하시는 경우가 많은데 생각보다 주민들은 그렇게 생각하지 않습니다. 주민들이 이 사업에 적극적인 이해관계자고, 주민들이 함께 해줘야지만 사업이 가능하다는 사실을 이해시키면서 이익도 공유해드리면, 주민들이 먼저 나서서 문제를 해결해줍니다. 처음부터 부정적인 선입견을 가지고 주민을 대하게 되면 오히려 사업만 지연되고, 결국 실패의 결과를 마주할 가능성이 더 높습니다. 처음부터 사업의 직접적인 이해관계자가 누군지 정확하게 분석하고 그 이해관계자들과 소통의 시간을 개별적으로 가지고, 또한 전체적으로도 꾸준히 진행하는 게 정말 중요합니다.

다음으로 주민참여제도에 대한 개선도 필요합니다. 예를 들면 현재는 주민 참여율이 총투자비의 몇 % 이상이어야 한다고만 설정되어 있고, 직접적인 주민 투자 비율이 얼마가 돼야 한다는 가이드는 없어요. 사업자나 금융기관이 주민에게 빌려준 대출금을 제외하고, 실제 주민이 자발적으로 투자한 금액 비율이 얼마나 되는지를 가지고 주민 참여율을 판단해야 진정한 주민참여사업이 가능합니다. 그리고 이러한 직접 투자 비율에 대해서 정부가 통계 관리 목표를 설정해 지속적으로 관리 해나가는 게 필요합니다. 그래야만 재생에너지에 대한 국민의 문해력이 얼마나 좋아지고 있는지를 알 수 있기 때문에, 제도 개선과 더불어 이러한 통계를 정부가 관리해야 한다고 생각합니다.

[Y²G]

마지막으로 재생에너지 분야에서 일하고 싶은 꿈을 가지고 있는 젊은 미래 리더들에게 조언 한마디 해주시면 좋을 것 같습니다.

[윤 대표]

재생에너지 업계에서는 개발사, 금융사 혹은 다른 어떤 자리에서 일을 하더라도, 결국 접하게 되는 가장 어려운 허들이 바로 주민 수용성입니다. 그리고 또 반대로 주민참여 사업을 통해 지역 사회와 신뢰를 잘 구축하면, 주민들이 먼저 원해서 해달라고 하는 사업이 많이 생길 정도로 다양한 사업 기회 요소도 있는 분야입니다. 즉, 어려움도 많지만 탄소중립이라는 국가적 목표를 위해 일하는 것과 동시에 큰 성공도 경험해 볼 수 있는 일이 재생에너지 사업이라 생각합니다.

저희 세대에서는 주민 수용성을 높이기 위한 과도적인 단계로서 많은 과제를 해결해나가고 있지만, 앞으로 이 시장에서 일하게 될 여러분에게는 지금보다는 조금 더 나아진 상황이 이미 준비되어 있을 거라 생각합니다. 물론 미래에도 재생에너지 사업은 사업자 혼자 절대 할 수 없습니다. 반드시 지역 주민들, 어민들, 지자체 그리고 다양한 단체들과도 함께 만들어가야 합니다.

앞으로 여러분들이 재생에너지 사업을 하게 된다면 사업의 초기부터 다양한 이해관계자들과 이야기하는 것을 두려워하지 말고, 같이 만들어간다는 생각으로 접근하면 좋겠습니다.

지역 주민과 소통하고 문제가 생기면 해결해가는 과정은 재생에너지 사업을 하면 반드시 마주할 수밖에 없는 현실입니다. 그래서 이러한 현실을 직시하고 같이 재생에너지 업계의 발전을 위해 여러분들과 함께 걸음을 맞춰봤으면 합니다. 여러분도 여러분을 위해서 또 여러분의 후배 세대를 위해서 뭔가 지금 당면하고 있는 가장 큰 문제들을 해결할 수 있는 주체가 되기를 바랍니다. 감사합니다.

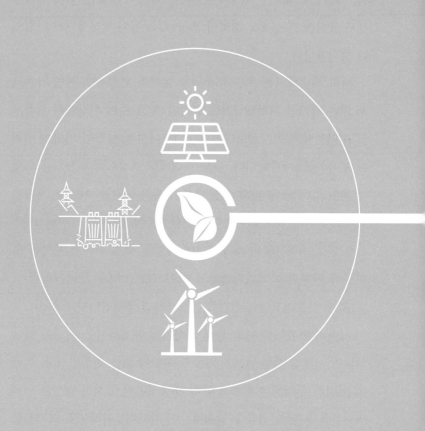

6장

재생에너지 시장의 미래 리더들을 위한 가이드

나는 왜 재생에너지 업에
뛰어들었나

마케팅 전문가가 되기 위해
했던 고민들

재생에너지 업에 대한 책을 쓰기로 마음먹은 때부터 지금까지 가장 고민되는 부분은, 재생에너지 분야에 높은 관심을 가진 미래의 리더들에게 어떤 이야기를 전해야 할지였다. 나는 소비재 마케터로 직장 생활을 시작했다. 시작부터, 재생에너지 사업 전문가는 아니었다는 이야기다.

요즘은 누구나 재생에너지에 대한 정보를 쉽게 얻고 이를 활용할 수 있지만, 내가 직장 생활을 시작하던 당시는 물론이고 소비재 마케터로 일하다가 재생에너지 업계로 전직할 때만 해도 재생에너지는 매우 생경한 분야였다. 그런 내가 재생에너지 업계로 전직하고, 지금까지 이 일을 해오게 된 과정에 대해 개인적인 경험을 바탕으로 먼저 이야기하고 싶다.

대학 졸업 후 입사한 첫 직장은 소비재 기업으로, 당시 마케팅과 영업관리를 담당하는 업무를 수행하였다. 직장을 다니는 사람은 누구나 느끼겠지만, 2000년대부터 현재까지도 모든 기업은 항상 어렵고, 비상 경영의 끈을 놓은 적이 없었던 걸로 기억된다. 실적이 줄면 줄었다는 이유로, 목표 이상을 달성해도 내년의 상황은 달라질 수 있다는 경계심으로, 끊임없이 원가절감과 효율성을 추구해왔다.

마케터로 근무했던 2000년대에도 원가절감은 꾸준히 요구되었고, 마케팅 예산은 항상 원가절감의 1차 타깃이었다. 소위 브랜드 마케팅이라는 영역은 단기적 수익을 확보하기보다 장기적으로 브랜드 가치 상승을 위한 투자가 필요하기에, 1년마다 실적에 의해 자리가 달라지는 경영진에게는 투자가 아닌 비용으로 우선 고려되었기 때문이다. 당시에 마케팅에 대한 필요성을 숫자로 제시할 수 있는 전문가는 시장에 거의 전무했다. 오히려 몇몇 전문가들은 숫자로 마케팅 활동을 판단하는 것에 대해 거부감마저 가지고 있었다.

하지만 그들은 나이키, 마이크로소프트 등의 기업 브랜드 가치가 몇십 조에 달한다고 하는 논리 정도로 장기적인 투자의 필요성을 언급할 뿐이었다. 마케팅 활동이 얼마나 회사의 연간 수익에 기여했는가를 근거로 다음 해 마케팅 예산을 확보해야 한다고 주장하는 직장 내 혹은 업계 내 전문가는 보이지 않았다. 마케팅 ROI(Return On Investment, 투자수익률)를 제대로 이해하고 적용하는 전문 마케터가 없다는 것은, 그 문제를 해결함으로써 남보다 앞서 갈 수 있는 기회의 영역임을 의미했다.

재생에너지라는 새로운 시장에 매료되다

우선 관련 책부터 찾아봤다. 대형 문고에서 검색되는 마케팅 ROI에 관련된 책은 단 1권이었다. 그것도 국내 서적은 전무하고, 2006년에 발행된 해외 서적 1권뿐이었다(그로부터 17년이 지난 2023년 현재에도, 마케팅 ROI에 관한 국내 서적은 아직 1권도 없다). 브랜드 가치 평가를 다루는 국내 사설 기관에서 발표한 리포트들이 있었지만, 해당 내용을 봐서는 마케팅 수익률을 구하는 기준에 대한 설명이 명확하지 않았다.

만약 마케팅 활동에 대한 제대로 된 수익률을 분석하는 것이 불가능한 영역이 아니라면, 적어도 국내에서는 제일 먼저 그 기준을 만들어 보고 싶었다. 그래서 우선 MBA 과정에 진학해 파이낸스를 전공하기로 결심했다. 실무 경험과 재무 분석 이론을 바탕으로 마케팅 수익 평가에 대한 기준을 잡고, 이를 정리해 국내에서 처음

책을 내겠다는 목표도 가져봤다. 공부를 하며 틈틈이 관련 이론을 정리하던 중 수업을 같이 듣던 외국인 동기생에 의해 뜻밖에 재생에너지라는 분야를 접하게 됐다.

외국인 동기생은 아프리카 수단에서 유학을 온 친구로, 의료 마케팅 분야의 전문가가 되는 것을 목표로 가지고 있었다. 수업을 마친 후 함께 식사를 하면서 이런 질문을 던져봤다.

"앞으로 꼭 해결해야 할 세상의 문제가 무엇이고, 이를 통해 향후 10년 이상 지속 성장할 것으로 예상되는 분야가 어디라고 생각해?"

그런데 수단에서 온 그 친구는 조금의 망설임도 없이 의외의 대답을 해왔다. 그 대답이란 바로 '에너지', 그것도 '재생에너지(Renewable Energy)'였다. 재생에너지라는 단어는 당시에 너무 낯선 용어였다. 태양광, 풍력 등의 발전소를 주위에서 보기도 힘들었고, 미디어에서조차 거의 다뤄지지 않는 내용이었기 때문이다. 지금 생각해보면 에너지 부족으로 항상 고통받는 아프리카에서 온 친구이기에 에너지 관련 문제를 가장 크게 느끼는 게 어찌보면 당연했다고 생각된다. 하지만 먼 나라에서 온 친구와 미래의 비전에 대해 나눈 한 질문과 대답이, 기존에 쌓아온 마케팅 실무경력과 목표를 순식간에 바꿔버린 계기가 되었다.

이후 재생에너지에 대한 관련 자료를 찾아보면서 업에 대한 지식을 쌓아갔다. 처음엔 산업에 대한 단순한 흥미였으나, 조금씩 알아갈수록 참 매력적인 분야란 생각이 들었다. 기후변화에 대한 문제를 해결한다는 정성적 의미에 더해 경제적으로도 성공할 수 있다는 정량적 목표를 가져갈 수 있는 분야였다. 더군다나 당시엔 국내에 오랜 경험을 가진 전문가가 없는 초기 단계의 산업이었기에 조금 늦게 시작해도 업계의 경쟁력 있는 전문가로 성장해 갈 수 있겠다는 판단이 들었다.

그때도 재생에너지 산업에 대한 입문서 같은 책을 참고하고 싶었지만, 시장부터 제도, 사업을 개발하는 방법 등을 체계적으로 정리한 국내 서적은 존재하지 않았다. 만약 그 당시에 재생에너지에 분야에서 일하고 싶어 하는 젊은이들을 위한 제대로 된 입문서가 있었다면, 사전 지식 학습을 통해 전직을 하는 과정과 전직 후 실무에 적응하는 과정에 큰 어려움이 없었을 거란 아쉬움이 컸다.

당시 전직 과정에서 재생에너지 관련 경력이 없었기 때문에 지원하는 회사마다 서류 통과도 되기 어려웠다. 하지만 기회를 주는 회사가 없어 다시 마케터로 돌아가게 되더라도 후회가 남지 않도록 계속 기회를 찾고 도전했다. 그리고 감사하게도 졸업 전 2개 기업으로부터 인터뷰 기회를 얻었고, 그중 한 민간 발전사로 전직에 성공하였다.

이러분과 함께한
미래를 기대하며

전직 이후 지금까지 약 13년간 재생에너지 관련 일을 해오고 있다. 그리 길지 않은 시간이지만, 재생에너지 사업에 대한 기획부터, 개발, M&A, 금융 자문 등의 업무를 수행하며 재생에너지 사업을 개발하고 투자하는 업에 있어서는 확고한 경쟁력을 가지기 위해 노력해왔다. 그리고 이제는 그동안 경험해온 노하우를 재생에너지 업계의 미래 인재들에게 도움이 될 수 있는 입문서로 나누고 싶었다. 이 책이 재생에너지 업계로 진출하고자 하는 개인과 기업을 넘어, 전 국민의 재생에너지 이해력을 높이는 데 조금이나마 도움이 되길 희망한다.

어떤 분야에서 어떤 일을 하든 항상 문제는 존재한다. 이 문제를 해결하는 데 집중하고 방법을 찾다 보면, 다양한 파생 기회가 저절로 따라오게 된다는 것을 배웠다. 개인적으로도 일을 하는데 있어 문제를 정의하고 해결의 방법을 찾는 과정을 통해 현재의 위치에 오게 됐다.

물론 세상에 알려진 기업가도 아니고 아직 재생에너지 시장에 큰 기여를 한 성과도 없지만, 작은 경험이라도 미래의 재생에너지 리더들과 나눌 수 있는 기회를 가지게 된 것에 감사함을 느낀다. 언제나 여러분들의 성장과 발전에 도움이 될 수 있도록 새롭게 도전하고 최선의 결과를 만들기 위해 노력할 것이다. 여러분들과 함께 국내 재생에너지 시장의 변화를 만들어 갈 미래를 기대해본다.

재생에너지 사업의
본질을 이해하자

지금까지 설명한 재생에너지 시장의 현황과 제도 및 연계 사업, 재생에너지 사업이 만들어지는 과정, 지역사회와 함께해야 하는 당위성 등은 결국 재생에너지라는 사업의 본질을 이해하고 이를 통해 업의 경쟁력을 확보하기 위한 기초 지식이라 할 수 있다.

업의 본질이라는 정의에 대해서 우선 알아보면, 해당 산업 혹은 기업에서 하는 일이나 제공하는 제품과 서비스의 본질적인 성격과 특성을 의미한다. 예를 들어 음식점이라 하면, 음식의 맛과 서비스에 따라 평판이 결정된다. 이에 따라 음식점의 본질은 음식의 맛과 서비스에 대한 고객 만족을 제공하는 것이라 할 수 있다.

업의 본질을 결정하는 요인은 다양하게 존재하지만, 대표적으로 제품이 생산되는 목적과 방식, 시장의 환경, 인력과 기술력 등으로 살펴볼 수 있다. 재생에너지 사업은 자연에서 오는 무한 에너지를 바탕으로 전력을 생산하고 판매하는 업으로, 각국 정부의 정책에 따라 다양한 방식으로 전력 거래가 이뤄지고 있다. 국내의 경우 아직까지는 정부의 지원이 꼭 필요한 단계에 있는 초기 시장이지만, 향후 경쟁력 있는 인력의 양성과 기술력 향상을 통해 성장, 성숙 시장으로 반드시 나아가야만 하는 국가적 사업이기도 하다. 재생에너지 사업은 햇빛, 바람 등의 에너지원을 직접 통제할 수 없기에 정부의 지원을 기반으로 한 인력의 양성과 기술력의 지속적인 발전이 필요하고, 이를 통해 국민의 재생에너지 사업에 대한 이해도를 높이는 것이 사업의 경쟁력을 확보하는 데 가장 중요한 부분이라 할 수 있다.

업의 본질을 이해한다는 것은 결국 사업이 나아갈 방향을 명확히 하고, 이해관계자들과 구성원들이 함께 그 목표를 달성하기 위한 기본 준비를 한다는 것을 의미한다. 경쟁을 넘어 격이 다른 성장과 성공을 이루기 위해서는 업의 본질을 충분히 이해해야만 가능하다. 현재 재생에너지 시장에 참여하고 있는 혹은 향후 참여할 기업, 개인이라면 재생에너지 사업의 본질에 대해 고민하는 과정이 꼭 필요하다. 단순히 이익을 내고 생계를 위한 직장으로서만이 아닌, 본질적 가치를 이해하고 그 가치를 높이는 데 집중해야만 업의 경쟁력이 만들어질 수 있기 때문이다. 또한 개인으로도 일의 목표를 설정하고 커리어를 관리하며, 전문가로서 성장해 가기 위해서는 본인이 하는 일에 대한 명확한 인식이 전제되어야 한다.

전력산업에 미치는 재생에너지의 영향

재생에너지 사업의 본질을 논하기에 앞서 전력산업의 본질을 먼저 살펴보자. 전통적인 전력산업은 전기 에너지를 생산, 전달 및 소비하는 활동들을 기반으로 하는 에너지업으로, 세부적인 사업은 엔지니어링 및 소프트웨어 제공 등의 서비스 사업군과 하드웨어 기반의 기기 사업군으로 나눌 수 있다. 대부분의 전력산업은 기기 사업 규모가 큰 비중을 차지하고 있어, 전력산업은 하드웨어 제조업 성격을 기반으로 하는 에너지업이라고 볼 수 있다. 즉, 기존 화력발전 중심의 전력산업은 규모의 경제에 기반을 둔 대규모 설비 투자로 발전단가 및 운영비용을 최소화하는 것이 업의 경쟁력을 확보하는 데 가장 중요한 포인트였다. 하지만, 기후변화에 따른 대응책으로 재생에너지의 활용이 증가하면서 이러한 전력산업의 본질에 대한 변화가 생기기 시작했다.

재생에너지 발전은 지역 단위의 분산형 발전으로, 기존의 대규모 중앙집중식 발전, 송·배전 체계를 탈피해 지역적으로 분산하고 이들을 수평적으로 연결하는 새로운 운영 시스템이 필요하다. 즉, 지역 단위로 전력의 수요와 공급의 변동성을 관리하고 운영하는 소프트웨어의 중요성이 크게 부각되고 있다. 향후 국가 전력산업은 분산 전원인 재생에너지 비중 증가가 가져올 사업적 기회와 위기 요소를 파악해 적절히 대응해야만 경쟁력을 확보할 수 있다.

재생에너지 발전의 계통 접속이 늘어남으로써 계통이 불안정해지는 것은 위기이다. 하지만 이를 활용하여 기존 관리 시스템과는 다른 정밀하고 신속한 제어가 가능한 운영체계를 개발하는 것은 또 다른 사업의 기회이다. 인공지능, 빅데이터 등의 첨단 기술을 활용한 솔루션과 서비스를 제공하는 다양한 사업이 활성화될 것이고, 결국 전력산업은 하드웨어 중심에서 이제 소프트웨어 중심의 부가가치 창출이 높은 산업으로 전환될 것이 분명하다.

전력산업의 또 다른 본질적 특성은 공공의 이익을 항상 염두에 두어야 한다는 것이다. 공공의 이익을 우선할 수도 없지만, 공공의 이익을 외면할 수도 없다는 두 가지 상반된 특성을 동시에 지니고 있다. 특히 우리나라는 미국, 유럽 등과 달리 전력의 생산, 분배, 구매 면에서 그동안 정부가 직접 통제를 해왔기 때문에 공공적 성격이 매우 짙게 배어있다. 전력사업을 영위하는 모든 사업자에게는 공익과 사익의 중간 지점을 잘 포착하고 조율하는 것이 또 다른 핵심 경쟁력이 되고 있다.

이는 재생에너지 사업에도 똑같이 적용된다. 탄소 중립이라는 국가 차원의 공익에 기여하는 것을 기본으로, 비즈니스로서 일정 수익도 창출해야만 한다. 또한 발전소가 들어서는 지역사회와도 이익을 공유하는 상생의 모델을 만들어야 가능한 사업이 되어가고 있다. 공익과 사익의 균형을 기반으로 지역사회와 함께하는 전력사업 모델이 향후 재생에너지 시장의 확대와 더불어 표준으로 자리 잡아갈 것이며, 이러한 사업 모델의 경쟁력을 갖추기 위한 기술 개발과 인재 양성이 함께 동반되어 나아갈 것이다.

재생에너지
사업의 본질

앞서 살펴본 업의 본질과 전력산업의 특성을 재생에너지 사업에 적용해보면, 재생에너지 사업의 본질은 '지속 가능한 에너지 생산 및 사용을 위한 기술을 기반으로, 지역사회와 상생하는 비즈니스 모델을 개발하고 구현하는 것'이라 표현할 수 있다.

지속 가능한 에너지인 재생에너지는 화석연료 사용 시 발생하는 환경 및 에너지 안보 문제뿐만 아니라 경제적 이익도 동시에 해결할 수 있는 유일한 수단이다. 재생에너지는 에너지 안보의 측면에서 공급의 안정성을 높여주고 있다. 화석연료에 의존하는 에너지 시스템은 글로벌 이슈에 의한 에너지 가격의 변동이나 에너지 공급 중단 등의 리스크에 항상 노출되어 있다. 반면, 재생에너지는 무한한 자연 에너지를 활용하기 때문에 지속 가능한 에너지 공급을 보장한다.

경제적 이익 측면에서는 최근 기술의 발전과 규모의 확대로 인해, 재생에너지를 통한 전력 생산 비용이 점점 낮아지고 있다. 사업으로서도 충분한 수익 확보가 가능한 단계에 들어서고 있는 것이다. 국내의 경우 아직은 정부의 인센티브 제도 등의 지원이 필요한 수준이지만, 기술 개발과 더불어 각 지자체가 주도하고 민간 사업자와 지역사회가 함께 참여하는 공공 주도형 사업으로 점차 전환하면서, 사업의 개발 기간 단축을 통한 경제적 가치 상승을 기대해볼 수 있다.

지역사회와 상생하는 비즈니스 모델을 개발하고 제대로 적용하기 위해서는 이전 글(5장. 지역사회와 함께하는 재생에너지 사업)에서도 자세히 살펴봤지만, 지역 주민과 이를 넘어 많은 국민이 재생에너지 사업을 이해하고 직·간접적으로 투자해보는 선행 경험이 필요하다. 지역사회의 재생에너지 사업에 대한 높은 이해도 없이 사업을 추진하다 보면, 결국 이익 공유는 상생의 모델이 아닌 민원을 잠재우기 위한 보상의 수단으로 한정될 수밖에 없기 때문이다.

재생에너지 사업에 대한 국민들의 직·간접적 투자 경험이 증가할 수 있는 정책이 지속되고, 이 분야에 많은 기업이 도전하고 혁신을 만들어야만 지속 가능한 상생의 모델이 점차 자리 잡을 수 있을 것이다.

재생에너지 사업의 본질인 지속 가능한 에너지의 생산과 사용을 위한 기술 개발도, 지역사회와 상생하는 비즈니스 모델을 실현하는 것도 결국 사람이 해야 하는 일이기에 이를 수행할 인재를 키워내는 것이 곧 재생에너지 사업 경쟁력의 바로미터라 할 수 있다. 유능한 인재를 유치하기 위해서는 일단 10대, 20대 젊은 인력들이 재생에너지 산업에 관심을 가져야만 한다. 재생에너지 분야에서 직업을 가지면 탄소 중립이라는 공익에 기여하는 정성적 의미에 더해, 경제적으로도 또한 지속적인 커리어 개발이 가능한 영역으로서도 업의 비전이 있다는 것을 보고, 배우고, 느낄 수 있게 해줘야 한다.

이를 위해서는 중·고등학교 및 대학 과정에서도 탄소 중립과 재생에너지에 대한 이해도를 높이는 교육 과정이 꼭 필요하다. 또한 많은 젊은 기업들이 재생에너지 사업의 혁신을 주도하고 성공하는 유니콘 기업이 될 수 있도록 정부와 대기업의 협력과 지원도 절실히 요구된다. 젊고 유능한 기업이 재생에너지 분야에서 많이 나올수록 자연히 인재는 모여들고 업의 경쟁력으로 쌓여갈 수 있다.

재생에너지는 국가 간에 새롭게 설정되고 있는 무역 제도와

RE100 등의 캠페인에 대응하기 위해서라도 모든 기업과 국민이 이해하고 적용해야 하는 필수적인 분야가 되어가고 있다. 단순히 하나의 사업 영역과 비즈니스 모델이 아닌 전 국민의 이해도를 높일 수 있는 다양한 교육과 정책적 지원이 반드시 필요하다.

다음 글에서는 재생에너지 사업을 영위하는 다양한 기관 중 금융기관과 해외 기업의 국내 재생에너지 비즈니스 동향을 소개하고자 한다. 일반적으로 사업을 하는 데 있어서 금융기관의 투자와 자금 지원은 필수 사항이다. 이에 따라 금융기관이 재생에너지 사업 분야에 어떻게 조직을 구성하고 업을 수행하는지 이해하는 것이, 재생에너지 사업의 본질을 더 깊이 이해하는데 도움이 될 것이다. 또한 국내 사업자와 경쟁하고 때론 협력하며 대규모 재생에너지 사업의 주요 투자자로 활동하고 있는 해외 기업의 사업 현황도, 국내 재생에너지 사업을 제대로 이해하려면 반드시 알고 있어야 한다. 이들의 재생에너지 사업 동향을 알아보면서 국내 재생에너지 시장에 대한 이해의 폭을 더욱 넓혀보도록 하겠다.

금융기관과 해외 기업의
국내 재생에너지 사업 동향

투자은행(IB)의 개념과
프로젝트 금융

재생에너지 사업은 금융 기관에 중요한 대체투자의 영역으로
자리 잡고 있다. 전통적 투자 영역인 주식, 채권의 수익률이 점점
하락하면서 말 그대로 이를 대체할 새로운 투자의 영역으로 점차
주목받고 있다. 부동산, 에너지 시설 등에 투자하며 안정적이면서
도 준수한 이익을 거둘 수 있는 다양한 실물 자산 투자가 금융기관
의 중요한 수익원이 되고 있다.

이러한 대체투자 영역의 금융기관 업무를 투자은행(IB,
Investment Bank)이라고 칭한다. 좀 더 넓은 의미로 IB는 기업의 생
애주기(Life-Cycle)에서 발생하는 모든 금융자문 및 주선, 투자 업무
를 총칭한다.

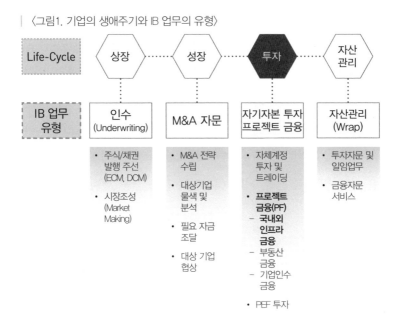

〈그림1. 기업의 생애주기와 IB 업무의 유형〉

| Life-Cycle | 상장 | 성장 | 투자 | 자산관리 |

IB 업무 유형	인수 (Underwriting)	M&A 자문	자기자본 투자 프로젝트 금융	자산관리 (Wrap)
	• 주식/채권 발행 주선 (ECM, DCM) • 시장조성 (Market Making)	• M&A 전략 수립 • 대상기업 물색 및 분석 • 필요 자금 조달 • 대상 기업 협상	• 자체계정 투자 및 트레이딩 • **프로젝트 금융(PF)** **– 국내외 인프라 금융** – 부동산 금융 – 기업인수 금융 • PEF 투자	• 투자자문 및 일임업무 • 금융자문 서비스

기업의 상장부터 성장을 위한 인수·합병 자문, 자기자본 투자 및 대규모 인프라 프로젝트 금융 자문 및 주선, 마지막으로 기업의 자산을 관리하는 것까지 IB의 업무는 기업의 생애주기에 맞춰 금융과 관련된 모든 서비스를 다루고 있다. 이러한 업무 중에서도 재생에너지 사업과 관련된 금융 서비스는 프로젝트 금융 영역에서 다뤄지고 있다. 앞서 4장(재생에너지 사업개발을 위한 금융조달 원칙)에서도 언급했듯이, 재생에너지 사업을 하는 데 있어서 프로젝트 파이낸스는 사업개발 단계를 마무리하는 필수적인 과정이라 할 수 있다.

금융기관에서 프로젝트 금융, 특히 재생에너지 사업의 투자 및 관리를 담당하는 부서는 크게 3개 부문으로 구성되어 있다. 프론트(Front: 사업주 대상 딜소싱 영업 및 금융 약정 체결 담당) 오피스, 미들(Middle: 금융 약정 이후 관리 담당) 오피스, 백(Back: 미들 부서를 지원하는 행정업무 담당) 오피스로 재생에너지 사업의 금융을 위한 딜소싱(Deal sourcing: 잠재 투자 대상 기업 혹은 프로젝트를 발굴하는 행위를 말함)부터 금융 약정 및 사후관리, 기타 행정업무 등을 각각 맡아서 수행하고 있다.

특히 프론트 오피스는 프로젝트 금융 부서의 핵심으로, 재생에너지 사업자에게 금융 서비스를 제공하기 위한 영업을 중점적으로 하고 있다. 이를 통해 사업자로부터 금융 자문·주선사로 선정되면, 사업의 인허가 완료 및 건설 착수 일정에 맞춰 금융 조달 업무를 진행한다. 각 사업에 맞춘 최적의 금융구조를 자문하고 예상되는 금융 조달 리스크에 대응할 수 있는 조언을 지속적으로 수행해야 하기에, 프론트 오피스의 구성원은 주로 시니어급으로 구성된다. 이들은 재생에너지 사업 금융 조달에 대한 다년간의 실무 경험을 보유하고 있고, 일부 인력은 사업 개발과 운영관리 경력을 보유한 인재들로 구성되어 조직의 자문 역량을 더욱 높이는 데 기여하고 있다. 재생에너지 사업과 관련된 프로젝트 금융 조직의 주요 내용은 그림 2를 참조하기 바란다.

〈그림2. 재생에너지 사업 관련 IB 조직의 구성 및 주요 업무〉

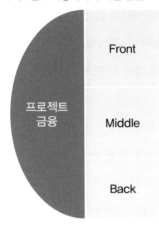

프로젝트 금융	Front	• 프로젝트 금융을 위한 딜소싱 및 금융자문 / 주선 전담 조직 　– **딜소싱 ~ 금융약정 체결**까지 업무 수행 • 사업자 대상 마케팅(딜소싱을 위한 사전 자문 및 관련 영업)이 핵심으로, **프로젝트에 대한 다년간의 실무 경험 필요**
	Middle	• 금융약정 체결 이후 **최초 인출부터 원리금 최종 상환 완료까지 관리**를 전담하는 조직 　– 사업진행 중 발생하는 Risk 관리 및 대응 (조건 변경 협의 및 재약정 등) • IB조직 內 주니어~Manager급 담당자가 주로 담당
	Back	• 금융약정에 따른 **사후관리 행정업무** 담당 　– 자금의 결제/계좌이체 확인, 회계 관련 업무 처리 및 기타 서류 관리 • IB조직 內 주니어 직원이 주로 실무 담당

재생에너지 금융 투자 시장의 주요 참여자들

재생에너지 사업에 금융 자문, 투자 등의 업무를 수행하는 금융 기관은 은행, 증권사, 자산운용사 마지막으로 보험사, 연기금 등의 대체투자 기관을 들 수 있다. 먼저 은행은 재생에너지 사업의 금융 자문 및 주선 업무를 기본으로 변동금리를 기반으로 한 대출을 실행한다. 고정금리 대비 금리가 다소 낮은 변동금리 대출로 사업자의 금융비용을 최소화하고, 금융 약정 이후 대출의 안정적인 상환을 위한 사후관리 업무도 수행하며, 국내 재생에너지 금융 관련 전체적인 서비스를 제공한다.

최근에는 우량 사업의 금융 조달권을 확보하기 위해 사업 개발 단계에서 주주로 참여하는 적극적인 투자도 진행하고 있다. 은행은 매우 보수적인 금융기관으로 인허가 과정에서 투자금의 손실이 발생할 수 있는 개발 단계 지분 투자는 하지 않았으나, 2018년 이후 재생에너지 사업에 대한 영업 경쟁력을 확보하기 위해, 그룹 내 자산운용사가 운용하는 재생에너지 개발 펀드에 자금을 출자하여 투자에 활용하고 있다.

다음으로 증권사는 은행과 더불어 국내 재생에너지 사업의 금융 자문·주선을 적극적으로 진행하고 있다. 은행과 같이 장기간의 대출 상품을 직접 취급하지는 않지만, 사업 개발단계에서 필요한 개발 자금을 브릿지 대출 형태로 제공하고, 일부 자기자본도 투자하면서 우량 사업의 금융 자문을 진행하기 위한 영업을 전개하고 있다.

자산운용사는 재생에너지 사업에 투자하는 펀드를 조성하여 지분투자, 건설자금 대출, 운영 중인 사업의 인수까지 폭넓은 방식으로 시장에 참여하고 있다. 자산운용사는 전문용어로 GP(General Partner, 업무집행사원)라 하며, 펀드를 운용하는 모든 결정권을 가지고 이에 따른 무한책임을 지게 된다. 자금을 모으고 투자할 대상을 선정하며 투자에 따라 발생한 수익을 배분하는 모든 역할을 수행한다. 자산운용사가 재생에너지 펀드의 자금을 시장에서 모집 시, 펀드에 투자하는 주요 기관을 LP(Limited Partner, 유한책임사원)라 칭한다. LP는 말 그대로 본인이 출자한 금액 한도 내에서만 유한 책임을 가지며 금융기관, 일반 기업, 개인 누구나 될 수 있다. 재생에 너지 사업에 투자하는 주요 LP는 보험사와 연기금이 있으며 최근 에는 재생에너지 사업을 영위하는 민간 기업들이 LP로 많은 투자 를 하고 있다.

해외 기업, 국내 재생에너지 시장에 진출하다

약 5년 전인 2018년부터, 국내에 많은 해외 발전사 및 투자 기 업이 재생에너지 사업을 하기 위해 진출해 있다. 이들은 유럽과 일 본, 대만 등 재생에너지 사업이 이미 성숙 시장으로 접어든 곳에서 투자, 건설 및 운영까지 해본 경험과 실적을 바탕으로 국내에서도 공격적인 투자를 하고 있다. 특히, 해상풍력 시장에서 해외 기업의 투자 비중은 이미 국내 기업을 넘어서고 있다. 울산 지역 먼바다에 서 추진되고 있는 부유식 해상풍력의 경우 대부분 해외 기업이 사 업을 진행하고 있을 정도로 이미 해외 기업은 국내 재생에너지 시 장의 핵심 사업자로 자리매김하고 있다.

국내 재생에너지 사업은 그동안 발전공기업, 대기업이 사업 초 기부터 개발에 참여하는 경우는 매우 드물었고, 해당 지역에 정 보와 네트워크를 보유한 중소형 개발사에 의해 주로 개발이 이뤄 졌다. 이들이 전기사업허가, 환경영향평가 등을 마무리하고 지역 민원에 대한 리스크도 어느 정도 해결됐다고 판단되는 시점에야,

REC를 매입해주는 역할과 EPC 파트너 등으로 발전공기업과 대기업이 사업에 참여해왔다. 특히, 주민참여제도가 없었던 2017년 이전에는 이러한 사업 방식이 거의 전국에 대부분을 차지한다고 봐도 무방하였다.

이렇게 각 지역 중소 개발사에 의해 대규모 재생에너지 사업이 진행되다 보면 항상 발생하는 이슈는 부족한 개발 자금이었다. 개발 자금이 부족해 사업을 끝까지 이어가지 못하고, 중간에 타 사업자에게 프리미엄을 받고 사업권을 양도하는 경우가 발생하였다. 이러한 사례가 서서히 증가하며 이후에는 아예 처음부터 일정 기간만 사업을 개발하고, 이후 사업권을 매각하여 차익을 얻으려는 목적의 재생에너지 난개발이 전국에 동시다발적으로 진행되었다. 지역 주민들에게 많은 보상을 해주겠다는 지키지 못할 약속을 하고, 다른 사업자에게는 민원을 해결했다는 명목으로 사업권을 높은 가격에 매각하는 등 사기에 가까운 일들도 종종 벌어지곤 했다. 이러한 재생에너지 난개발은 결국 재생에너지 사업에 대한 이미지 하락과 부작용만 키우는 악영향을 가져왔다.

물론 이러한 부작용은 일부 사업자가 미꾸라지처럼 시장을 흐리는 경우였고, 대다수의 재생에너지 개발사는 올바른 사업을 위해 노력해왔다. 하지만 이들에게도 부족한 개발 자금은 해결되지 않는 숙제였다. 이러한 고민을 해결해줄 파트너로 떠오른 것이 바로 해외 발전사 및 투자 기업이었다. 이들은 사업개발 초기부터 공격적으로 자본을 투자하며, 국내 중소 개발사들과 파트너십을 체결해 사업을 진행하고 있다.

'메기 효과'가 가져온 시너지와
국내 시장의 변화

해외 기업들이 본격적으로 국내 재생에너지 시장에 진출하던 2018~2019년에는 소위 '메기 효과'라는 말이 나돌았다. 시장을 흐리는 미꾸라지 사업자들을 퇴출하고, 대다수의 중소 개발사와 함께 시너지를 내며 재생에너지 사업의 개발 기간을 빠르게 단축할 수 있을 것으로 예상했다. 또한 발전공기업과 국내 대기업들이 보다 리스크를 안고 적극적으로 사업개발에 나설 계기를 부여할 것으로도 기대했다. 실제 국내 공기업, 대기업들도 해외 기업과 전략적 협업을 통해 좀 더 공격적인 투자를 시행하는 등 재생에너지 시장에 활력을 불어넣고 있다. 하지만 모든일에는 장단점이 있듯이 해외 기업의 시장 확대가 이뤄질수록 정부, 사업자 및 금융기관이 앞으로 헤쳐 나가야 할 커다란 과제도 생겨나고 있다.

국내 어업인을 대표하는 수협중앙회가 발표한 자료에 따르면, 2022년 기준으로 해상풍력 전기사업허가를 받은 총 68개 사업(19.7GW) 중 20개 사업(8.9GW)을 해외 기업이 추진하고 있다. 이들이 추진하는 사업이 개수로는 전체 대비 29.4%이지만 발전 용량을 기준으로 볼 경우에는 전체 19.7GW 중 8.9GW로 45.1%, 총 사업비를 기준으로 볼 경우에는 전체 112조 원 중 58조 원으로 51.87%에 이르는 것으로 나타났다. 이에 따라, 국내 해상풍력을 통해 국부 유출이 발생할 것이란 우려의 목소리가 더욱 커져가고 있다. 또한 대다수의 해상풍력 사업지가 어업활동 구역과 겹쳐, 어업인들의 조업 환경이 악화되고 있다는 사업 반대 의견도 지속되고 있는 상황이다. 정부에서는 이를 해결하기 위해 중앙정부와 지자체가 주도하는 공공 주도형 계획입지를 도입하겠다고 했지만, 아직 구체적인 계획이 마련되고 있지 않은 상황이다.

국내 금융기관도 해외 기업의 대규모 재생에너지 사업이 확대되면서 큰 고민거리를 가지게 됐다. 최근 해외 기업이 주도하는 해상풍력 사업의 금융 조달이 완료되었는데, 국내 주요 금융기관들이 대출에 참여하지 못하는 상황이 발생하였다. 바로 EPC 계약을 턴키 방식이 아닌, 분리 발주 계약으로 진행했기 때문이다.

대규모 재생에너지 사업에 대출을 실행하는 국내 금융기관들은, 장기간의 공사 과정을 업의 전문성을 보유한 건설사가 책임지고 수행하는 EPC 턴키 계약 방식을 전제하여 투자를 진행해왔다. 하지만 해외 기업들은 세계 각국에서 개발, 건설 및 운영까지 경험한 노하우를 바탕으로, 투자비를 최소화할 수 있는 EPC 분리 발주 계약방식을 기본 계획으로 수립하여 사업을 추진하고 있다. 이에 따라 해당 해상풍력의 투자자는 대부분 해외 금융기관으로 구성되었다.

앞으로 해외 기업이 주도적으로 추진하는 사업이 늘어날수록 EPC 계약 방식에 따라 국내 금융기관들이 참여하지 못하는 경우가 지속 발생할 수도 있다. 하지만 해외 기업의 사업 방식을 탓하기만 해서는 국내 금융이 글로벌 수준의 경쟁력을 갖는다는 것은 불가능하다. 국내 금융기관들도 시장의 변화를 받아들이고, 투자에 참여할 수 있는 방안을 시급히 마련해야만 한다. 해외 재생에너지 사업에도 적극적으로 투자하면서 장기 공사 기간에 발생할 수 있는 리스크와 이를 해결하는 방안에 대한 경험을 쌓고, 조직 내부에도 재생에너지 사업개발에 대한 경험을 보유한 전문 인력을 점차 늘려가야 한다.

과거에는 정부에서 해외 기업의 국내 진출을 의도적으로 제한하는 방식으로 국내 기업을 보호하던 시절이 있었으나, 더 이상 이러한 방식으로는 시장의 변화를 막을 수 없다. 해외 선진 기업의 노하우를 공유받아 국내 기업의 역량을 높일 수 있는 대안을 마련하고, 인재 양성을 위한 투자를 지속하는 것이 근본적인 해결책일 것이다.

재생에너지 실무 교육 소개 및
전하고 싶은 이야기

미래 세대에게 재생에너지의
중요성을 이해시키자

앞선 글과 주민참여사업 전문가 인터뷰에서도 언급했듯이, 탄소중립 목표를 달성하긴 위해선 많은 국민의 재생에너지 사업에 대한 이해력을 높이는 것이 핵심 관건이다. 이를 통해 재생에너지 사업의 지역사회 수용성이 높아지고, 많은 인재들이 시장에 유입될 수 있기 때문이다. 10대를 위한 교육은 부모와 함께하는 교육 방식으로, 한 가족이 함께 재생에너지에 대한 이해력을 높일 수 있는 좋은 방법이다. 현재 한국에너지공단에서 운영하는 미래 세대 재생에너지 교육 사업(에너지 투모로우, https://www.sese.or.kr)이 미래 세대를 위한 대표적인 에너지교육 프로그램으로 자리잡고 있다.

20대 이상 성인들을 대상으로 하는 교육은 이론을 바탕으로, 직접 투자의 경험까지 연결되는 과정이 가장 효율적이라 할 수 있다. 우리나라는 아직 공공의 이익보다 개인의 이익을 더 중시 여기는 특징을 가지고 있기 때문에, 재테크의 한 수단으로서 재생에너지 투자의 경험을 늘려가면 자연히 사업에 대한 분석을 통해 이해력이 높아지고, 재생에너지에 대한 수용성이 증대될 수 있다.

국내에서 재생에너지 사업에 투자할 수 있는 온라인 플랫폼은 주로 젊은 스타트업들이 이끌어 가고 있으며 대표적으로 루트에너지가 운영 중인 투자 플랫폼(https://rootenergy.co.kr/)을 들 수 있다.

〈그림1. 재생에너지 온라인 투자 플랫폼_루트에너지〉

루트에너지는 재생에너지인 태양광, 풍력뿐만 아니라 전기차

관련 인프라 시설에도 투자할 수 있는 다양한 상품을 운영하고 있는 가장 활성화된 온라인 투자 플랫폼이다. 이 밖에도 재생에너지 사업에 투자할 수 있는 몇몇 온라인 투자 플랫폼이 있으니 주식, 코인 등에 비해 안정성도 확보하면서, 10%대 수익 창출이 가능한 재생에너지 투자에 관심을 가지고 직접 실행도 해보길 바란다.

재생에너지 실무자를 위한 다양한 교육 프로그램을 활용하라

재생에너지 업계에 많은 관심을 가지고 있는 취업준비생, 전직 희망자, 현재 다니고 있는 회사가 RE100 가입을 선언하여 해당 업무를 남당하게 된 실무자 등은 재생에너지 사업이 만들어지는 과정에 대한 실무 교육이 반드시 필요하다.

현재 국내에서 대표적으로 재생에너지 관련 실무 교육을 전개하고 있는 곳은 한국 신·재생에너지협회 인적자원개발 센터(http://hrd.knrea.or.kr/)다. 이곳에서는 재생에너지 산업에 대한 기초적인 이해부터 사업개발, 금융 등 전체적인 실무 과정을 업계 다양한 전문가로부터 교육받을 수 있다. 협회의 회원사 소속으로 신청해야 추가적인 할인 혜택이 있으나, 개인도 저렴한 가격으로 수강이 가능하니 재생에너지 사업 실무를 배우고 싶은 분들께는 이곳의 강의를 추천한다.

〈그림2. 한국 신·재생에너지 협회 인적자원개발 센터 홈페이지〉

나 역시 그동안의 경험을 바탕으로, 재생에너지 사업개발 실무 교육을 진행하고 있다(https://learningspoons.com/course/detail/newrenewableenergy/).

실무자를 상대로 교육하면서 느낀 점은 상당수의 실무자들이 재생에너지 사업과 관련한 다양하고 실질적인 정보를 얻고 싶어한다는 점이었다. 실무자들이 일선에서 부딪치는 다양한 사례를 직접 듣고 이에 대해 조언하는 과정에서, 나 또한 재생에너지 사업이 앞으로 나아가야 할 방향성에 대한 고민을 심도 있게 할 수 있는 좋은 기회를 얻고 있다. 실무자 대상의 교육 외에 사업·금융 자문도 진행 중이니 관련 내용에 대해 궁금한 사항은 편하게 연락 주시기 바란다.

MZ세대의 특성과
업(業)에 대한 가치관

시대별로 20~30대 유능한 인재들이 일하고 싶어 하는 일터는 변해왔다. 80~90년대만 해도 수출 대기업이 가장 선호되는 직장이었으나, IMF 등 경제 위기를 겪은 이후 고용의 안정성이 높은 공무원이 유능한 인재를 흡수하는 직업이 되었다.

그렇다면 2023년 현재는 어떠할까? 지금 10대 후반에서 30대 초반의 청년층을 우리는 MZ세대라 칭한다. 산업연구원이 2023년 2월에 발표한 'MZ세대 수도권 이동자의 직업 가치관 변화와 특징' 자료에 따르면, MZ세대는 금전적 보상과 흥미, 개인의 발전 가능성을 충족하는 직업을 선호하는 반면 일자리의 안전성은 상대적으로 중요하지 않다고 생각하는 것으로 나타났다.

일반적으로 MZ세대들은 변화에 유연하고 새롭고 이색적인 것을 추구하며, 자신이 좋아하는 것에 돈과 시간을 아끼지 않는 특징을 지닌다고 알려져 있다. 또한 근로에 대한 대가도 중요하지만 좀 더 자신에게 가치 있는 일인지에 대해서 고민하고 사회 정의에 대한 문제나 기후 위기에도 관심이 높다고 한다. 즉, MZ세대 인재를 유치하고 양성해가기 위해선 금전적 보상과 더불어 일에 대한 의미와 개인의 성장 가능성에 대한 비전을 제시해주는 것이 핵심이다.

이러한 MZ세대의 특징과 직업 가치관을 바탕으로 재생에너지 시장에 유능한 인재가 많이 유입될 수 있는 환경의 조성이 필요하다. 재생에너지 업계에 일하면서 기후 위기를 해결하는 일원이라는 직업적 의미에 더해 경제적 수단으로서도 충분히 성공할 수 있다는 것을 보여줘야 한다. 정부에서는 재생에너지 분야에 다양한 스타트업 육성을 지원하고, 기업 가치가 1조 원에 달하는 유니콘 기업들이 나올 수 있도록 제도를 마련해주는 것이 필요하다.

아직 에너지업은 규제가 많은 사업 영역이다. 젊고 유능한 기업들이 다양한 비즈니스 모델을 새롭게 만들어 도전할 수 있도록 지원해야만, 재생에너지 업계의 유니콘들이 만들어질 수 있을 것이다. 규제 샌드박스(새로운 제품이나 서비스가 출시될 때 일정 기간 동안 기존 규제를 면제, 유예시켜주는 제도) 등을 적극 활용하여, MZ세대가 재생에너지 사업에 관심을 가지고 이해도를 높일 수 있는 다양한 투자 모델이 만들어져야 한다. 이렇게 MZ세대의 재생에너지 투자 경험이 쌓여야, 이들을 통해 또 다른 재생에너지 관련 사업이 지속해서 창출될 수 있기 때문이다.

세상의 문제를 해결하는 직업적 자부심과 경제적 성공을 함께 달성하고 싶어 하는 MZ세대의 재생에너지 시장 참여 확대를 위해, 업계 선배들의 더 많은 고민과 노력이 필요한 시점이다.

마지막으로 전하고
싶은 이야기

국내 재생에너지 관련 책을 쓰겠다는 결정과 집필하는 과정은 생각보다 쉽지 않았다. 나보다 훨씬 능력 있고 훌륭한 성과를 가진 분들이 많이 계신다는 것을 알기에, 과연 내가 재생에너지 시장의 미래 세대를 위한 입문서를 집필할 자격이 되는지부터가 고민이었다. 하지만 국내 재생에너지 시장의 과거를 돌아보고 현황을 살펴보며, 미래 방향을 설정할 수 있는 하나의 기준을 마련해주는 것이, 향후 업계에 진출할 후배들을 위해서 선배가 해야 할 일이라 생각했다. 또한 국내 재생에너지 시장에 조금이라도 관심 있는 일반 개인과 기업을 위해 도움을 줄 수 있는 방법으로, 책보다 좋은 것은 없다고 판단했다.

이 책이 누군가에게 작은 도움이 된다면, 그것만으로도 책의 의미는 충분할 것이라 생각한다. 기후변화라는 세상의 문제를 해결하고 경제적 성취도 달성하고자 하는 모든 분들과 언제라도 소통하고 함께 성장하길 희망한다. 앞으로 더욱 의미 있는 또 다른 재생에너지 입문서가 미래의 여러분들을 통해 계속해서 세상에 나오길 기대한다.

[참고문헌]

1) CDP RE100 Report, (2023)

2) CDP RE100 Technical Criteria, (2022.12)

3) 국가 탄소중립 · 녹색성장 기본계획(안), 관계부처 합동, (2023.3)

4) EU 택소노미 동향과 국내 시사점, 한전 경영연구원, (2022)

5) EU 탄소국경 조정제도, 삼일회계법인, (2021.7)

6) 세계무역을 재편하는 탄소 국경세, 딜로이트, (2021)

7) 국내 RE100 시장 분석 및 자문용역 보고서, 한국에너지융합협회, (2022.12)

8) 한국형 RE100 제도 시행 1년, 성과와 시사점, 포스코경영연구원, (2022.3)

9) 에너지 저장장치(ESS), 한국 IR협회, (2020.7)

10) 에너지 스토리지(ESS) 산업 육성 방안 보도자료, 산업부 신산업분산에너지과, (2023.1)

11) VPP 당신의 전력을 팔아드립니다, 신한금융투자 글로벌주식팀, (2022.3)

12) 그린수소 에너지, 한국과학기술정보연구원, (2022)

13) 밝아오는 그린수소의 미래, 삼일회계법인, (2021)

14) 글로벌 수소경제 혁신이 끌고 X-flation이 밀다, 미래에셋증권, (2022.5)

15) MZ세대 수도권 이동자의 직업 가치관 변화와 특징, 산업연구원, (2023.2)

북큐레이션 · 당신의 비즈니스를 새롭게 바꿀 라온북 추천 실용도서

《재생에너지 비즈니스 바이블》과 읽으면 좋은 책. '성장하는 경영, 위기에 강한 경영'에 힘이 되어 주는 라온북의 도서를 소개합니다.

판을 바꾸는
질문 경영 챌린지

300% 질문 경영

박병무 지음 | 13,500원

생존을 위해 300% 성장하는 경영의 핵심 노하우가 실린 실전 지침서

이 책은 핵심을 꿰뚫는 리더의 질문은 능동적이고 생산적인 회의 분위기를 만들고 리더의 경청과 인내는 기업 문화를 바꾸어 마침내 경영 프로세스의 체질까지 바꾸는 혁신으로 이어질 것임을 보여준다. 그리고 그 솔루션인 질문 경영 전략을 제시하고 있다. 괄목할 만한 기업 생산성과 효율성의 향상을 꾀한다면 대기업, 중소기업을 막론하고 조직혁신의 지름길인 질문 경영 프로세스로의 리셋 작업을 서둘러야 한다는 것을 이 책에서 질문 경영 성과 사례들을 통해 피부로 느낄 수 있을 것이다.

혁신을 가져오는
'3P' 영업 비법

300% 강한 영업

황창환 지음 | 14,000원

내 기업의 강점은 살리고 매출을 올리고 싶은가? 강한 기업을 만드는 강한 경영자가 되는 비밀을 담았다!

3년 적자 기업을 신규 고객 창출로 흑자 전환한 경험, 2년 만에 40개가 넘는 신규 지점을 개설한 경험, 폐점 직전이었던 매장의 영업 실적을 50% 이상 증대시킨 경험, 정체되어 있어 있던 매출을 두 자릿수로 성장시킨 경험 등 저자의 실제 영업 성공 사례와 생생한 노하우를 한 권에 담아냈다! 언제 어디서나 기업에 혁신을 일으킬 수 있는 영업 비법을 손에 쥐고 싶은가? 시대와 시장의 흐름에 영향받지 않는 지속적인 매출과 경영 성과를 얻고 싶은가? 그렇다면 지금 당장 강한 기업이 되기 위한 첫 번째 관문, 바로 '강한 영업'을 시작하라.

애프터 코로나 비즈니스 4.0

선원규 지음 | 18,000원

**강력한 생태계를 만들어가는 플랫폼 사이에서
생존하는 콘텐츠를 발견하라!**

앞으로의 미래 시장에서 살아남으려면 플랫폼과 콘텐츠 중에서 어떤 것에 중점을 두어야 할까? 이 책은 이 문제에 대해 해결점을 찾아갈 수 있도록 플랫폼과 콘텐츠를 자세히 다루고 있다. 현 사회와 플랫폼과 콘텐츠의 상관관계를 이야기하며 플랫폼과 콘텐츠 사업모델의 다양한 종류를 소개한다. 또한 어떻게 해야 강력한 플랫폼과 콘텐츠를 만들 수 있을지 그 전략을 설명하며 앞으로의 미래 시장의 전망을 다루고 있다. 이 책을 통해 수많은 콘텐츠가 유입되는 사랑받는 플랫폼, 플랫폼의 러브콜을 받는 콘텐츠를 개발할 수 있을 것이다.

플랫폼과 콘텐츠의
관계 분석

턴어라운드 4.0

이창수 지음 | 17,000원

**하이 아웃풋(High Output)을 만들어
기업의 턴어라운드를 발생시키는 전략 통찰법!**

《턴어라운드 4.0》은 기업의 멋진 항해를 도와주는 도구인 환경과 시스템을 구축하기 위해 기업과 경영인이 갖춰야 할 전략과 통찰을 정리한 책이다. 저자의 30년의 경험이 녹아 있는 기업의 턴어라운드 프로세스는 언제 사라져도 이상하지 않은 부실기업을 '강력한 기업'으로 재탄생시켜줄 수 있는 비결을 상세히 알려준다. 어려운 상황에서도 기업의 성공과 발전을 달성할 수 있도록 미래를 정확하게 예측하고 철저히 기획하는 데 이 책이 큰 도움이 될 것이다.

불황을 돌파하는
비즈니스 전략 통찰
34가지